ALBERTE **DUGAS**

Explorer ses rêves soi-même, pourquoi pas ?

DU DÉSIR DE LES COMPRENDRE AU PLAISIR DE LES INTÉGRER DANS SON QUOTIDIEN

BÉLIVEAU
éditeur

Conception et réalisation de la couverture : Fannie Blaney
Révision : Isabelle Laurier

Dépôt légal : 3e trimestre 2012
Bibliothèque et Archives nationales du Québec
Bibliothèque et Archives Canada

ISBN 978-2-89092-544-1

BÉLIVEAU éditeur
920, rue Jean-Neveu
Longueuil (Québec) Canada J4G 2M1
Tél. : 514 253-0403 / 450 679-1933 Téléc. : 450 679-6648

www.beliveauediteur.com
admin@beliveauediteur.com

Gouvernement du Québec – Programme de crédit d'impôt pour l'édition de livres – Gestion SODEC – www.sodec.gouv.qc.ca

Nous reconnaissons l'aide financière du gouvernement du Canada par l'entremise du Fonds du livre du Canada pour nos activités d'édition.

IMPRIMÉ AU CANADA

Explorer ses rêves soi-même, pourquoi pas ?

Comme le dit un proverbe japonais :
« Une vision sans action est une rêverie,
une action sans vision est un cauchemar. »

À chacun de nous, naturellement, nuit après nuit,
le rêve offre une vision pour orienter
nos pas sur la scène de jour.
Il nous appartient d'en faire un pas de deux!

Préface

Je ne m'attendais pas à apprendre autant sur les rêves à la lecture de ce manuscrit *Explorer ses rêves soi-même, pourquoi pas?* J'avoue m'être leurré sur la signification de certaines croyances transmises, relevant plutôt de l'oniromancie que du travail approfondi avec le rêve. C'est pourquoi je n'ai jamais accordé beaucoup d'importance à mes odyssées oniriques.

Ce livre très complet d'Alberte Dugas, je devrais plutôt écrire cet ouvrage, m'a renseigné, m'a permis d'apprendre… que je pouvais décortiquer mes rêves malgré leur caractère énigmatique. Partir du niveau cérébral pour descendre au niveau du cœur… quel bel apprentissage!

Pour moi, dépendant, thérapeute de profession qui œuvre auprès de personnes ayant différentes formes de dépendance, cette information répond à un besoin essentiel. Apprendre de mes rêves m'aide à poursuivre sur la voie de la spiritualité.

Peu importe la dépendance à laquelle est assujetti l'homme d'aujourd'hui, apprendre de ses rêves peut guider toute personne accrochée à une compulsion. Dieu sait combien nombreux sont ceux qui cherchent à combler ce grand vide intérieur.

Je me suis procuré un carnet du rêveur… qui joue le rôle de sentinelle sur ma table de chevet. Je me réveille pour écrire mes voyages oniriques. Je me rendors facilement avec la hâte de donner suite à ce que la Vie, l'Esprit a à me transmettre pour me guider sur le chemin de la sérénité, de la spiritualité.

Je recommande cet ouvrage exceptionnel, si complet, qui nous invite à sortir des sentiers battus et à dépasser certains préjugés… incrustés profondément en nous.

Apprendre de ses rêves… quel apprentissage si sage !

– André BISSONNETTE
Auteur, thérapeute, conférencier

Avant-propos

Plusieurs années avant son décès, sur une courte période de temps, ma mère a rêvé de feu à plusieurs reprises. Intriguée et fort probablement préoccupée par ces images récurrentes, elle avait demandé à un membre de la famille de lui prêter un livre sur le rêve, lequel a brûlé sur sa table de chevet, quelques jours plus tard, dans l'incendie qui détruisit notre maison.

Comme ce n'était pas dans la culture familiale d'échanger sur le sujet, c'est beaucoup plus tard, alors que je me confiais à quelqu'un de la famille à ce propos, que cette information m'est parvenue. Si cette dernière m'était inconnue, j'ai néanmoins pu observer comment ma mère a réagi aux conséquences de l'incendie. Le courage et la détermination dont elle a fait preuve et sa façon de soutenir mon père ont impressionné toute la famille. Bien que ce rêve récurrent n'ait pas permis d'éviter l'événement, il n'est pas extravagant de croire qu'il l'y ait préparée. De nature plutôt anxieuse et doutant de ses capacités, elle a montré une force jusque-là insoupçonnée de tous et d'elle-même, j'en suis persuadée.

Ma mère, comme beaucoup de personnes pour qui un rêve se répète, a voulu en savoir davantage. C'est ce qui s'est produit pour moi également lorsque, en fin de carrière, des rêves marquants m'ont incitée à m'y attarder pour mieux comprendre ce que je vivais et ce vers quoi je me dirigeais. Des scènes oniriques[1] m'ont appris comment composer avec des situations professionnelles difficiles et révélé peu à peu que le moment était venu de prendre ma retraite, voire même que le *sommeil* et le *rêve* seraient pour moi des sujets de communication et de partage. Partant de ces expériences, ce cinéma intérieur, qui survient pendant le sommeil, est devenu pour moi un précieux allié. Il ne cesse de me surprendre, de m'émerveiller par l'originalité et la finesse de ses scénarios et par sa capacité à traiter avec tellement d'exactitude des situations souvent fort complexes. Ces informations livrées la nuit par l'inconscient font désormais partie de celles qui servent à orienter mes pas.

Je dois cependant admettre que, formée en sciences de la santé et habituée à appuyer mes interventions sur des cadres conceptuels éprouvés et reconnus par la communauté scientifique, il m'aura fallu un certain temps pour accorder au rêve la place que je lui réserve aujourd'hui. Même si mon expérience personnelle me permettait d'en apprécier la valeur, le sujet demeurait pour moi très nébuleux. J'ai dû, pour mieux m'y retrouver, développer mes connaissances tant sur le rêve que sur le fonctionnement du sommeil, notamment la phase du sommeil où se produisent la plupart des rêves dont on se souvient, objet d'intérêt pour de plus en plus d'experts en neurosciences. Ajoutés à mon expérience, ces acquis m'ont permis non seulement d'avoir une vision plus intégrée de l'activité onirique, mais d'en mesurer davantage tout le potentiel. Bien qu'elles soient encore très imparfaites en raison de la complexité du phénomène et du mystère qui demeure, ces connaissances m'ont également aidée à m'abandonner à ce que mon intuition avait déjà reconnu comme une richesse inestimable, à la portée de tous. Mobilisée par cette démarche personnelle, je souhaite aujourd'hui partager sur le rêve et la capacité de chacun à y puiser de

---

1. Onirique: relatif au rêve.

manière autonome. Que ce soit comme ergothérapeute, intervenante en santé communautaire ou conseillère en planification et évaluation de programmes, j'ai toujours été animée du désir de voir l'autre s'approprier ou se réapproprier le pouvoir qui lui revient. C'est ce même désir qui a motivé l'écriture de ce qui suit.

Si la démarche proposée dans ce livre porte l'empreinte laissée par les grands maîtres du domaine, plus particulièrement celle de C.G. Jung (1875-1961), elle s'inspire également d'auteurs plus contemporains, entre autres, le Dr Montague Ullman (1916-2008) et Gayle Delaney, Ph. D.

Le Dr Ullman, médecin psychiatre, a assumé la direction du département de psychiatrie du Maimonides Medical Center de New York, où il a mis en place un des premiers laboratoires du sommeil (1961), laboratoire consacré à l'étude expérimentale du rêve et de la télépathie. Professeur émérite de l'Albert Einstein College of Medecine of Yeshiva University, ancien président de la Parapsychological Association et membre de l'American Psychiatric Association, il a publié de nombreux ouvrages sur le rêve. Au cours des années 1970, convaincu de la valeur de ce dernier pour accéder à un monde meilleur et à un plus grand bien-être pour chacun, il a contribué, par son approche, à redonner au rêveur ce qui lui revenait depuis le début de l'humanité. Avec Nan Zimmerman, en 1979, il expliquait cette approche dans un livre intitulé *La sagesse des rêves*. Il jetait ainsi des balises pour étudier le rêve en groupe, en dehors du contexte de la psychothérapie. Le Dr Ullman s'est éteint en juin 2008, laissant derrière lui ce bel héritage[2] [3].

Quelques années plus tard, soit en 1998, Gayle Delaney, psychologue américaine reconnue au plan international pour son travail sur le rêve, publiait un ouvrage intitulé *All about dreams,*

2. W. Pannier, G. Sundstrom, W. Stimson, « *In Memoriam : Montague Ullman (1916-2008)* », dans *DreamTime Magazine*, automne 2008, p. 11-14.
3. W. Ullman, « *From Whence Do Dreamers Come?* », dans *DreamTime Magazine,* printemps 2010, p. 10-13.

traduit en 2003 sous le titre *La clé des rêves*. Elle y développait une méthode de travail, individuelle ou en groupe, pour favoriser l'accès au rêveur.

Ces auteurs, Ullman et Delaney, ont en commun d'avoir accordé une plus grande compétence au rêveur, en dehors de l'application clinique et de la relation thérapeute-patient. Lui attribuer un rôle plus actif et une autonomie plus grande pour l'exploration de ses propres rêves les a conduits à proposer des cadres de fonctionnement pour les étudier en groupe. Cette perspective se reflète dans ces cadres de référence proposés, faisant du partage avec les pairs une activité enrichissante, en dehors du cadre clinique, pour faciliter l'accès au sens du rêve dans le respect de l'intimité de chacun.

Mon objectif est que vous conserviez de ce livre le goût de vous servir de vos rêves et que vous y trouviez la confiance de pouvoir y parvenir par vous-mêmes. Je souhaite de tout cœur qu'il vous inspire pour aller de l'avant, à l'écoute de ce qui est là pour vous guider nuit après nuit sur la voie de la réalisation personnelle.

Introduction

Cet ouvrage traite du rêve et de la capacité de chacun à s'en servir sans s'en remettre systématiquement à l'autre ou aux dictionnaires. Il se veut une référence pour qui veut apprendre à dialoguer avec ses rêves, afin d'aller à la rencontre de lui-même dans une perspective de développement personnel.

Souvent privé de l'attention qu'il mérite, le rêve demeure l'objet de préjugés tenaces. Par crainte, par ignorance, ou sous prétexte qu'il s'agit d'un phénomène subjectif qui échappe à l'observation et à la mesure objective, il tend à rebuter l'esprit scientifique. Ainsi, il parvient difficilement à sortir de l'enfermement dans lequel il a été confiné.

Pour redonner au rêve la place qui lui revient, ce livre expose l'utilité de s'en servir dans une perspective d'*empowerment*, c'est-à-dire de renforcement de son propre pouvoir.

Dans ce contexte, le pouvoir correspond à l'accès à ses ressources internes, à une meilleure connaissance de soi pour augmenter sa capacité d'agir sans s'en remettre systématiquement à un tiers, qu'il soit expert ou non[4] [5] [6].

L'approche proposée dans ce livre est plus éducative que thérapeutique. Sans faire du rêve une panacée, elle ouvre la voie sur des réponses aux questions qui nous habitent. Des réponses venant de l'intérieur et, par conséquent, plus aptes à nous accompagner sur le chemin de l'équilibre personnel et du mieux-être. Comme la respiration, le rêve fait partie de nos rythmes biologiques. Pourquoi ne pas nous en servir?

Des aspects plus généraux du rêve, l'écriture progresse pour s'en rapprocher plus intimement et entrer en résonance avec l'expérience de chacun et, enfin, suggérer des stratégies pour s'en servir de manière autonome. Ainsi, les sept chapitres de ce livre se développent autour du continuum allant de la compréhension plus théorique du rêve à l'action qui mène à l'intégration. La figure de la page suivante expose la progression à travers les étapes de ce processus, à savoir dormir et rêver, se souvenir, comprendre, agir et intégrer.

Plus précisément, la première partie de cet ouvrage présente le rêve à travers l'histoire (chapitre 1), sa place à l'intérieur du sommeil (chapitre 2), son langage et les fonctions qui le caractérisent (chapitre 3). La deuxième partie aborde le souvenir du rêve et le journal de rêves (chapitre 4). La troisième partie expose une démar-

---

4. F. Ouellet, J.-F. René et all, *«Intervention en soutien à l'empowerment. Naître égaux-Grandir en santé»*, dans *Nouvelles pratiques sociales*, vol. 13, no 1, juin 2000, p. 85-102, Québec, Les presses de l'Université du Québec; [http://id.erudit.org/iderudit/000007ar] (consulté le 20 juillet 2011).
5. J.-P. Deslauriers, Réflexions sur le colloque *«Travail social et empowerment à l'aube du XXIe siècle»*, dans *Nouvelles pratiques sociales,* vol. 12, no 2, décembre 1999, Québec, Les Presses de l'Université du Québec, p. 165-169, [http://id.erudit.org/iderudit/000059ar] (consulté le 20 juillet 2011).
6. M. Drolet, *«L'empowerment et intervention familiale : concept paradoxal occultant parfois la pauvreté»,* École de Service social, Université d'Ottawa, Éditions Reflets-*Revue d'intervention sociale et communautaire,* vol. 3, no 1 printemps 1997, p. 55-79, [http://id.erudit.org/iderudit/026151ar] (consulté le 20 juillet 2011).

che d'exploration du rêve, individuellement (chapitre 5) ou en groupe (chapitre 6). Enfin, la dernière partie explique l'importance de passer à l'action pour bénéficier pleinement du travail avec le rêve, et propose quelques stratégies pour pousser plus loin la réflexion préalable à cette action (chapitre 7).

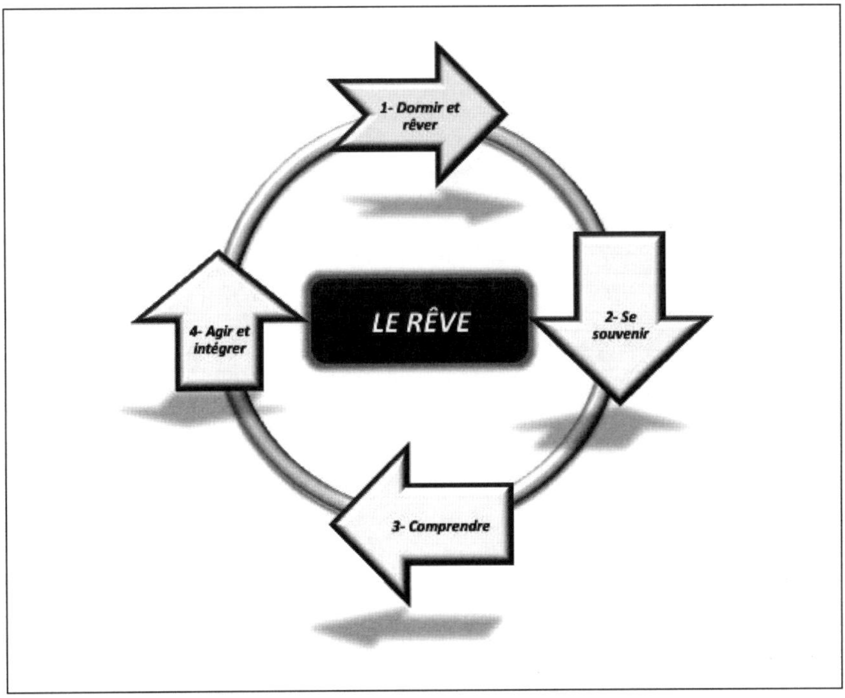

FIGURE 1 : Processus conduisant du rêve à l'intégration

PREMIÈRE PARTIE
« DORMIR ET RÊVER »

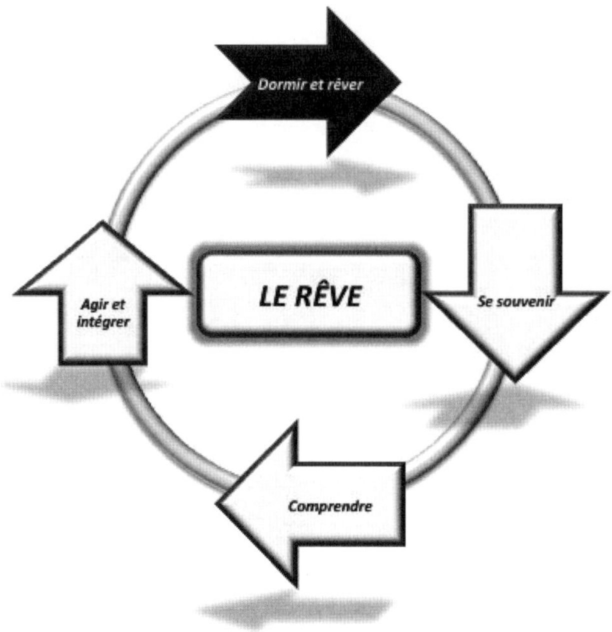

CHAPITRE 1

Le rêve d'hier à aujourd'hui

« Les hommes construisent trop
de murs et pas assez de ponts. »

ISAAC NEWTON

Pour situer la place réservée au rêve et au rêveur dans notre société, voici, sommairement, comment elle a évolué à travers l'histoire et où elle en est en ce début de XXIe siècle.

LA PLACE ACCORDÉE AU RÊVE

Loin d'être linéaire, l'histoire du rêve est bien vivante, portant l'empreinte des différences culturelles, des croyances, des pouvoirs religieux et politiques, de l'accès à la connaissance et à l'information, etc. Ces facteurs ont contribué et contribuent toujours à façonner notre rapport à lui. Chez les sociétés plus centrées sur la vie intérieure, les ruptures et les changements de cap sont moins marqués que dans la nôtre, plus axée sur la vie extérieure, sur l'acquisition de richesses matérielles, etc.

Le rêve en haute estime

Le rêve a d'abord été hautement considéré. Il est, depuis des milliers d'années, objet de nombreuses questions et hypothèses en raison du mystère qui l'entoure et de la puissance des images et des émotions qu'il véhicule. À ce propos, pour Pierre Fluchaire, l'homme s'est intéressé au rêve bien avant de s'intéresser au sommeil. Les premiers textes sur le sujet remontent au début de l'histoire, c'est-à-dire de l'écriture. « *[D]es tables d'argile assyriennes sur l'interprétation des rêves datent de 6000 ans et des écrits babyloniens sur ce même sujet remontent à 4000 ans*[7]. »

Un des premiers essais nous vient d'Égypte, 2000 ans av. J.-C. La valeur du rêve y est incontestable et le rôle de l'interprète est tenu en très haute estime. On associait le rêve surtout à l'intervention des dieux ou des démons prenant leur source à l'extérieur de l'individu. Le choix qu'on faisait de l'interprète était capital, de faux prophètes pouvant se prêter à des manipulations pour extorquer de l'argent ou, encore, répondre à des intérêts personnels.

Plus tard, perçu comme la preuve de l'existence de l'âme et porteur d'une valeur sacrée, le rêve a marqué les religions monothéistes: le judaïsme, le christianisme et l'islam. La Bible et le Talmud y réfèrent à maintes reprises. Mahomet qui lui vouait un grand respect l'a identifié comme la source d'inspiration du Coran, le saint livre de l'Islam : « *En Islam, l'appel à la prière est né d'un rêve d'un compagnon de Mahomet; il est encore répété actuellement cinq fois par jour, publiquement par tous les muezzins*[8]. »

En plus de reconnaître en lui une preuve de l'existence de l'âme, on lui accordait une valeur médicale. Les Grecs, 500 ans av. J.-C., se servirent des rêves pour induire le processus de guérison et érigèrent des temples réservés à leur incubation. Hippocrate,

---

7. P. Fluchaire, *La révolution du rêve*, Paris, Éditions Dangles (Collection Psycho-soma), 1985, p. 23.
8. *Ibid*, p. 25.

un des fondateurs avec Galien de la médecine scientifique, lui attribuait un pouvoir sur la santé et l'utilisait pour diagnostiquer la maladie. On nommait ces rêves *prodromiques,* du mot grec *prodromos*, ou avant-coureur, leur attribuant une valeur prédictive.

Puis, progressivement, la tendance s'est renversée. L'individu puisant une certaine force dans ses rêves, les pouvoirs religieux et politiques s'en trouvèrent menacés et une valorisation de la pensée rationnelle, au détriment de la pensée intuitive, commença à se profiler.

L'oubli, voire le rejet du rêve

Paradoxalement, le christianisme, fervent défenseur de la valeur du rêve, en a amorcé lui-même la dépréciation. Saint Augustin en fut le précurseur en définissant le rêve prémonitoire comme une usurpation de ce qui appartenait à Dieu. Autour du IVe siècle, l'Église, jusque-là ouverte, se rétracta pour associer le rêve à la sorcellerie, et les siècles suivants furent marqués par la stagnation. L'homme n'avait pas besoin de l'intervention de Dieu à travers ses rêves puisque l'Église représentait la source de ce qu'il lui fallait savoir.

À l'époque de la Renaissance, au XVe siècle, il était imprudent, voire dangereux, de raconter ses rêves ou encore de les interpréter. C'était s'exposer à des sanctions sévères pouvant aller jusqu'au bûcher.

Avec l'avènement de la science, les intellectuels s'en éloignèrent pour s'appuyer plus exclusivement sur la pensée rationnelle, la pensée intuitive s'en trouvant occultée. Seule une minorité de gens cultivés lui réserva une place de choix. Selon les auteurs contemporains Ullmann et Delaney, Aristote donna une impulsion à la pensée occidentale moderne, accordant tout le crédit à ce qui était observable et mesurable. C'est dire qu'à l'époque, seul prévalait ce qui était visible pour l'œil. Aristote rejeta ainsi la théorie imputant aux dieux ou aux démons l'origine du rêve, l'associant à une activité strictement sensorielle, prenant sa source dans l'individu[9] [10]. Cette vision réductrice a laissé des empreintes encore perceptibles aujourd'hui. Plus près de nous, en 1992, la France retirait du code Napoléon l'article R. 34-7 qui en condamnait l'utilisation par les psychiatres : « *gens qui font métier de deviner ou pronostiquer, ou d'expliquer les songes*[11] [12] ».

LA RECONSIDÉRATION DU RÊVE

Contrairement à certains peuples qui l'ont gardé en haute estime au cours de leur histoire, les Occidentaux, après s'être éloignés du rêve, sont à le reconsidérer et à se le réapproprier. Puisant à la philosophie, à la psychanalyse et à la science, notre société en multiplie et diversifie les champs d'application.

La contribution de la philosophie et de la psychanalyse

Les philosophes allemands furent les premiers à saisir la relation entre l'inconscient et le rêve[13]. Plus tard, à la fin du XIXe siècle, Sigmund Freud (1856-1939), père de la psychanalyse, lui donna une impulsion notoire. La publication de son livre *L'interprétation des rêves* marqua un tournant dans l'histoire, le désignant « *voie royale vers l'inconscient* ». Selon Fluchaire, l'interprétation

9. G. Delaney, Ph. D. *La clé des rêves. Tout ce que vous devez savoir sur les causes des rêves, leur signification et leur utilisation pendant l'éveil*, Varennes, Éditions ADA, 2006, p. 21.
10. M. Ullman Dr et N. Zimmerman, *La sagesse des rêves*, Montréal, Éditions internationales Alain Stanké, 1979, p. 39.
11. Dr J.-M. Crabbé, dans *Sommeil et rêves. Chronologie et rythmes biologiques,* [www.sitemed.fr], mis à jour le 2 avril 2010 (consulté le 11 mai 2010).
12. Association Française pour l'Information Scientifique, dans *Science... et pseudo-sciences*, [www.pseudo-sciences.org/spip.php] (consulté le 17 février 2011).
13. Ullman et Zimmerman, *op. cit.*, p. 43.

qu'on en faisait avant lui relevait, avant tout, de superstitions moyenâgeuses[14].

Bien que Freud ait contribué à redonner une place de choix au rêve et à rouvrir la porte qu'Aristote avait refermée sur ce sujet, il réduisait l'inconscient aux instincts et désirs refoulés, la plupart du temps sexuels. Carl Gustav Jung (1875-1961), son élève, poussa plus loin la définition de l'inconscient. Ainsi, le rêve révélait des parties cachées, ignorées ou encore négligées de nous-mêmes, pour accéder à une meilleure connaissance de soi[15]. Non seulement il donna à l'inconscient individuel une portée plus large, mais il introduisit la notion d'inconscient collectif, universel, comprenant toute l'expérience de l'humanité depuis le début de la vie sur terre. Selon lui, la frontière entre ces deux niveaux de conscience était perméable. Le rêve conduisait ainsi à une connaissance beaucoup plus vaste, nourrie par l'histoire individuelle et collective, et bien loin de l'intervention des dieux et des démons : « *L'inconscient est tout, sauf un système personnel scellé, c'est une objectivité vaste comme le monde auquel elle est ouverte*[16]. »

Plus tard, Frédérick Perls (1893-1970), père de la *gestalt-thérapie*, disait du rêve qu'il était la « *voie royale vers l'intégration*[17] ». Gestalt réfère au tout, à la globalité de l'être plutôt qu'à des éléments distincts les uns des autres. Il s'agit d'une psychologie sans *a priori* du normal ou de l'anormal, dont l'approche vise non pas à corriger le patient, mais à l'épanouir[18]. Ainsi, en se détachant progressivement du cadre de l'intervention thérapeutique pour être

---

14. Fluchaire, *op. cit.*, p. 32.
15. Ullman et Zimmerman, *op. cit.*, p. 49.
16. C.G. Jung, *L'âme et la vie*, Paris, Éditions Buchet/Chastel (Collection Le Livre de poche), 1963, p. 265.
17. Collectif l'Arc-en-ciel, *Et si les rêves servaient à nous éveiller... Vos rêves vous captivent?* Outremont, Les Éditions Quebecor, 2004, 236 p.
18. Dr F. Perls, Ph.D., Ralph E. Hefferline, Ph.D., Paul Goodman, Ph.D., *Gestalt Thérapie. Vers une théorie du Self : nouveauté, excitation et croissance*, Montréal, Éditions internationales Alain Stanké, 1979, p. 23.

accessible à tous, le rêve n'allait plus aussi systématiquement être associé à la maladie et au traitement.

La contribution des neurosciences

Après que Freud eut réhabilité le rêve et son utilité, des recherches en neurosciences, rendues possibles grâce à l'évolution technologique, ont contribué et contribuent toujours à documenter le sujet. Elles offrent un éclairage de plus en plus précis sur la complexité du sommeil et du rêve. Dans le présent ouvrage, le chapitre qui traite du rêve à l'intérieur du sommeil expose plus spécifiquement l'avancée spectaculaire faite par des chercheurs américains et français au cours des années 1950.

Un nombre important d'études contemporaines vient corroborer ces découvertes quant à l'utilité du stade du sommeil au cours duquel se produisent des rêves plus élaborés, et dont on parvient plus facilement à se souvenir. Ce type de sommeil est indispensable pour la consolidation de la mémoire et l'intégration des apprentissages, fonctions essentielles au processus d'individuation défini par Jung pour la survie de l'espèce et de la personnalité. Il s'agit du « *processus par lequel nous cherchons constamment à exprimer et réaliser davantage la personne que nous sommes, enfouie au plus profond de nous-mêmes*[19]. » Selon le Dr Jouvet, spécialiste du sommeil, c'est grâce au rêve que nous sommes différents les uns des autres : « *[C]'est à ce moment-là qu'une programmation itérative vient effacer les traces de tel ou tel apprentissage, ou au contraire les renforcer, si elles sont en accord avec la programmation génétique du rêve*[20]. »

Près d'un siècle plus tard, à l'aide d'observations scientifiques, des chercheurs de notoriété viennent appuyer le concept d'incons-

19. J. Hamel, M.Ps. *De l'autre côté du miroir*, Montréal, Éditions Quebecor, 2006, p. 13.
20. M. Jouvet, *Le sommeil et le rêve*, Paris, Éditions Odile Jacob (Collection Poche Odile Jacob), 1992, p. 59.

cient collectif défini par Jung. Pour donner suite à une enquête menée auprès de physiciens et de nombreux scientifiques partout dans le monde, Lynn McTaggart, journaliste d'investigation, rapporte que, grâce à des expériences scientifiques, des chercheurs ont pu conclure que nous communiquons avec d'autres mondes à partir des racines les plus profondes de notre être. Ils ont démontré « *qu'une force de vie appelée "conscience collective" ou en termes théologiques "Esprit Saint" circulait dans l'univers*[21] ».

Pour un autre groupe de chercheurs en neurosciences, le regain d'intérêt pour la recherche sur le rêve est en grande partie attribuable à la convergence de résultats provenant de différents domaines, entre autres, des investigations par imagerie cérébrale fonctionnelle du sommeil normal, par examen clinique des dysfonctions de l'activité onirique chez des patients présentant des lésions cérébrales, et par analyse statistique de récits de rêves chez des sujets en santé. Ces examens en profondeur ont permis de mieux circonscrire les zones cérébrales les plus actives au cours des différents stades du sommeil, et de mieux comprendre le traitement de l'information par le cerveau humain pendant ces stades[22].

À l'évolution des connaissances scientifiques se greffe une reconnaissance de plus en plus manifeste de l'interaction corps-esprit pour le mieux-être psychologique et physique. À cet effet, l'Université McGill sur son site *Le cerveau à tous les niveaux* situe à la fin des années 1970 l'avancement de la recherche appuyée sur des données expérimentales probantes. On y reconnaît le rôle de l'imagerie cérébrale pour l'amélioration des performances motrices et l'apprentissage du mouvement. Cela n'est plus mis en doute, on s'attarde plutôt à définir ce qui en détermine l'efficacité.

---

21. L. McTaggart, *L'univers informé. La quête de la science pour comprendre le champ de la cohérence universelle*, Outremont, Éditions Ariane, 2005, p. XIX.
22. S. Schwartz, T.T. Dang-Vu, A. Ponz, S. Duhoux, P. Maquet, «*Dreaming: A Neuropsychological View*», Geneva University Medical Center & University Hospital, Liège University & CHU, (août 2005), p. 426-439., [http;//labnic.unige.ch/papers/Schwartz_etal_SANP2005.pdf] (consulté en juin 2010).

« Le concept d'imagerie motrice s'étend aussi aux modalités sensorielles : vivre une expérience sensorielle quelconque et se la représenter par la suite mentalement produit une activité cérébrale similaire en termes de localisation et d'intensité. L'activité du cerveau influençant constamment le corps et vice versa, toute expérience vécue a un effet donné sur le corps, et le fait de la visualiser à nouveau engendrerait une activité semblable qui aurait des effets comparables sur le système endocrinien, immunitaire, etc.[23] »

Craig Sim Webb, physicien et chercheur international dans les domaines du rêve et de la conscience, corrobore cette relation corps-esprit. À l'instar de plusieurs auteurs contemporains, il affirmait, lors d'une conférence donnée à Montréal en avril 2010, qu'il est maintenant prouvé que le rêve constitue un véritable laboratoire d'expérimentation. Pour lui également, les expériences virtuelles de la nuit auraient sur la physiologie du corps des effets comparables à celles vécues le jour. Pensez à ces rêves qui nous sortent brusquement du sommeil avec une respiration haletante et un rythme cardiaque accéléré, ou à ceux qui créent une sensation de bien-être et décuplent notre énergie.

Enrichie de ces nouvelles connaissances, notre société s'ouvre à de nouvelles perspectives. Il va sans dire qu'étant donné la complexité du sujet, le sommeil et le rêve continuent de faire l'objet de recherches, beaucoup de questions étant encore en suspens.

La multiplication des champs d'action

Si une partie de la communauté scientifique résiste toujours à accorder au rêve tout le crédit qui lui revient, de plus en plus de chercheurs lui reconnaissent une valeur tant curative que préven-

23. Université McGill, *« Le corps en mouvement, l'imagerie mentale d'une action »*, dans *Le cerveau à tous les niveaux*, [lecerveau.mcgill.ca] (consulté en juin 2010).

tive. On assiste désormais à une démocratisation du rêve, dans une perspective de réappropriation par l'individu d'une dimension de lui-même aussi présente que le besoin de bouger, de se nourrir ou de respirer.

Les applications cliniques du rêve se multiplient pour soulager la douleur psychologique, comme le fait la psychothérapie, mais également pour faciliter le processus de guérison physique ou encore pour faciliter l'adaptation aux changements induits par la maladie, les incapacités permanentes, etc. Plusieurs équipes l'intègrent à leur approche clinique : oncologie, chirurgie, soins palliatifs et autres. Cette inclusion du rêve à la gamme de services offerts en santé confirme l'intérêt pour la relation corps-psyché longtemps négligée par la médecine contemporaine, et à l'origine de la médecine psychosomatique.

En dehors du cadre clinique, de plus en plus de personnes utilisent le rêve à des fins de développement personnel. L'emploi qu'on en fait se distingue de la psychothérapie proprement dite. Il s'agit de champs d'action qui s'adressent à des besoins distincts et dont les approches se distinguent également. Dans ce contexte, il est indiqué de souligner qu'au Québec l'adoption de l'article 187.1 de la Loi 21, par l'Assemblée nationale en juin 2009, encadrera dorénavant la *psychothérapie*[24]. La mise en application de cette loi en fait une pratique réservée à des groupes professionnels définis par la loi, et dont le permis sera délivré par l'Ordre des psychologues du Québec.

---

24. La définition de psychothérapie au sens de la Loi 21 adoptée le 18 juin 2009 est la suivante: « Traitement psychologique pour un trouble mental, pour des perturbations comportementales ou pour tout autre problème entraînant une souffrance ou une détresse psychologique qui a pour but de favoriser chez le client des changements significatifs dans son fonctionnement cognitif, émotionnel ou comportemental, dans son système interpersonnel, dans sa personnalité ou dans son état de santé. Ce traitement va au-delà d'une aide visant à faire face aux difficultés courantes ou d'un rapport de conseils ou de soutien. » *SQPP. Société québécoise des psychothérapeutes professionnels-les* [www.sqpp.org/Psy_et_Loi_21.html] (consulté le 10 juin 2010).

LE RÔLE DU RÊVEUR

À travers l'histoire, concurremment à la place accordée au rêve, le rôle du rêveur a évolué. D'abord ignoré et soumis à l'autorité de l'interprète, ce dernier joue dorénavant un rôle de premier plan dans l'interprétation de ses rêves. Cette évolution est imprimée de mouvements de va-et-vient entre son exclusion et son inclusion au processus d'interprétation.

L'exclusion du rêveur du processus d'interprétation

Autrefois, le rêveur étant perçu comme le véhicule par lequel transitaient les messages d'origine divine ou diabolique, on ne lui reconnaissait aucune compétence pour en extraire ou valider le sens. L'interprétation du rêve était le privilège de personnes désignées par les autorités religieuses ou politiques au pouvoir, et le titre d'interprète était réservé à une élite socialement reconnue. Particulièrement en Occident, après le Moyen Âge, sous l'influence de la pensée cartésienne au XVIIe siècle, les perceptions et émotions du rêveur ont été fermement écartées des éléments à considérer.

L'inclusion du rêveur au processus d'interprétation

En parallèle et à l'opposé de ce qui précède, déjà au IIe siècle de notre ère, Artémidore d'Éphèse encourageait la participation du rêveur à l'exercice d'interprétation de ses rêves. Selon lui, les caractéristiques personnelles du rêveur et de son milieu de vie étaient déterminantes du sens du rêve[25]. Bien que Freud et ses successeurs, au XIXe siècle, aient réaffirmé ce principe, on a pu constater chez les premiers architectes de l'analyse contemporaine du rêve une tendance à s'en approprier l'interprétation. La théorie pré-

25. Ullman et Zimmerman, *op. cit.*, p. 40.

valait sur l'opinion du rêveur à qui il aura fallu encore plusieurs années pour prendre une part active au processus d'interprétation. Pour Delaney, la situation a évolué depuis trente ans. Le rêveur est au cœur de l'approche, moins assujetti au dogme des spécialistes et thérapeutes.

> « Grâce aux travaux de Walter Bonime, Joseph Natterson, Montague Ullman, Stanley Krippner, Ann Faraday et d'autres, on a connu ces dernières années un transfert de l'autorité en faveur du rêveur. De nos jours, la tâche et le pouvoir d'interpréter sont au minimum partagés, s'ils ne sont pas entièrement remis entre les mains du rêveur. Nous sommes sur la bonne voie[26]. »

Dans une perspective de santé globale, en amont des interventions curatives, le rêve occupe une place de plus en plus significative pour le maintien et le développement de l'individu. À l'instar des domaines comme l'éducation et la gestion, nous assistons à des approches de plus en plus participatives, accordant un rôle clé à l'individu. On lui restitue le pouvoir de juger du sens de sa vie et du sens de ses rêves.

Ullman, qui a consacré une importante partie de sa carrière de psychiatre à faire reconnaître la valeur du rêve pour accéder à une plus grande connaissance de soi, a aussi défendu la capacité de tous à y puiser de manière autonome. En proposant une approche participative où le rêveur a le dernier mot sur le sens du rêve, il a contribué à sa réappropriation par l'individu.

DES FACTEURS DÉTERMINANTS DE LA PLACE ACCORDÉE AU RÊVE

Si dorénavant le rêve occupe une place plus respectable, il n'est pas moins tributaire de préjugés tenaces, du clivage toujours présent

26. Delaney, *op. cit.*, p. 116.

entre la pensée rationnelle et intuitive et, finalement, de l'expérience personnelle de chacun.

Des préjugés tenaces à endiguer

Encore aujourd'hui, sous l'influence des courants contraires qui ont marqué notre rapport au rêve au cours de l'histoire, deux écoles de pensée continuent à s'opposer. L'une explique les images du rêve par une activité cérébrale complexe mettant en jeu plusieurs structures, de manière concomitante ou alternée. L'autre, par une activité mentale nourrie par un état de conscience plus large, où cohabitent l'inconscient individuel et l'inconscient collectif définis par la psychanalyse. Une évidence demeure malgré l'évolution des neurosciences, le contenu onirique échappe à l'œil de l'observateur externe[27]. Il faut donc dépasser le stade « il faut le voir pour le croire »! Il faut écouter plus attentivement ce que ces images ont à dire, pour en apprécier la capacité à faire cheminer à la conscience ce qui lui échappe et dont elle a besoin.

Pour endiguer ces préjugés érigés puis consolidés avec le temps, il faut pouvoir les identifier et les expliquer. En voici quelques-uns :

- **Le rêve n'est qu'illusion, que fabulation.** Pour Fluchaire, une partie de la population générale et même certains spécialistes l'affublent encore de ces qualificatifs[28]. Il est plutôt vision, projection de nous-mêmes, représentation et manifestation de ce qui se passe en nous.
- **Le langage du rêve est tellement bizarre, il doit servir à camoufler la vérité.** Pour Delaney, il va de soi que les rêves ont un langage bien particulier, mais qualifier ce dernier de secret serait comparable à dire que les « *Chinois parlent*

27. E. Hennevin, « *Le rêve vu par les neurosciences* » dans la revue *Champ psychosomatique*, mars 2003, no 31, p. 78, [www.cairn.info/revue-champ-psychosomatique-2003-3-page-69.htm] (consulté le 7 juillet 2010).
28. Fluchaire, *op. cit.*, p. 79.

chinois pour nous cacher leurs vraies intentions[29] ». Pour Tobie Nathan, ethnopsychiatre, ce langage sert précisément à éveiller la conscience, l'obligeant à rompre avec ses façons habituelles de voir les choses pour les comprendre autrement. Il s'agit donc d'une nouvelle langue à apprivoiser et non d'un subterfuge [30].

- **Le rêve doit être pris dans son sens contraire.** Ces vieilles croyances reviennent souvent, bonifiées par la culture. Si mourir en rêve peut signifier naître à quelque chose, ce n'est pas par opposition, mais dans la logique du processus qui veut qu'une chose s'éliminant, une autre prenne place. Il ne faut pas généraliser en attribuant à *tomber* le sens de s'*élever*, ou en attribuant à se *marier*, le sens de se *séparer*, etc. Nourrir ces croyances pour se servir de ses rêves peut créer plus de tort que de bien. Se familiariser aux particularités de ce langage aura tôt fait de dissiper ces fausses croyances.
- **S'occuper de ses rêves, ce n'est pas sérieux.** De nombreux comportements sont dictés par la norme sociale. Tout ce qui a trait à l'intangible peut susciter la crainte d'être jugé par les autres, de passer pour naïf avec une propension à verser dans l'ésotérisme. Ainsi, des personnes intéressées au rêve se disent intimidées par cette réprobation sous-entendue, limitant leur implication pour se protéger de jugements qui les dérangent. Pour pouvoir s'y intéresser de plus près et en saisir tout le potentiel, il faut sortir de cet enfermement et faire fi du jugement qui en a marqué l'histoire. Ullman écrivait à ce propos : « *[L]'étude des rêves n'a rien d'ésotérique et un profane peut parfaitement maîtriser ce domaine*[31] ». Il ne s'agit pas d'en faire la réponse à tous les maux, mais de le jauger différemment, de le regarder en face et de dialoguer

29. Delaney, *op. cit.*, p. 9-12.
30. T. Nathan, *La nouvelle interprétation des rêves*, Paris, Éditions Odile Jacob, 2011, 249 p.
31. Ullman et Zimmerman, *op. cit.*, p. 167.

avec lui pour en apprécier toute la valeur. Tant d'énergie est déployée à connaître les autres, pourquoi ne pas en mettre un peu plus à se connaître?

Le clivage entre la pensée rationnelle et intuitive

Selon Jung, l'homme vit trop dans sa tête sans égard à ce qui vit en lui. Si la raison l'a aidé à dominer l'espace et à soumettre le monde à sa volonté, elle ne l'a pas aidé à comprendre qui il est, ce monde infiniment petit qui l'habite[32].

Au-delà des préjugés persistants, le clivage entre la pensée rationnelle et intuitive nécessite encore des efforts de réconciliation, de réunification. L'interaction des fonctions des deux hémisphères cérébraux fait partie des conditions essentielles à l'équilibre physique et psychique de l'homme. Par son besoin de tout classer en catégories distinctes, l'homme occidental a appris à les opposer plutôt qu'à les utiliser en complémentarité. Dans cette conception des choses, seuls existent le blanc et le noir, le gris n'a pas sa place.

Bien avant de m'intéresser plus spécifiquement au sommeil et au rêve, jeune ergothérapeute, j'ai travaillé auprès d'enfants présentant des troubles d'apprentissage. J'ai ainsi eu la chance d'être sensibilisée à l'importance de l'intégration de ces fonctions pour le développement de la personne. D'abord par le Dr Raymond Lafontaine, neuropédiatre à l'Hôpital Sainte-Justine de Montréal, auteur du livre *Êtes-vous visuel ou auditif?* Déjà en 1972, il nous invitait à tenir compte de la spécialisation hémisphérique dans le cadre de nos interventions cliniques. À la même époque, j'ai également eu la possibilité de me familiariser à l'approche en intégration sensorielle d'Anna Jean Ayres, docteure ergothérapeute (1920-1989). Pour aider l'enfant à interagir harmonieusement avec son environnement

---

32. Jung, *op. cit.*, p. 111.

et à se développer le plus normalement possible, elle insistait sur la nécessité de tenir compte de l'intégrité des processus neurobiologiques et, *a fortiori*, de l'intégration des fonctions des deux hémisphères cérébraux[33].

Plus actif le jour et surtout associé à la pensée rationnelle et à la prise de décision, l'hémisphère gauche permet de focaliser son attention sur un objet en particulier. En contrepartie, l'hémisphère droit prend le relais en sommeil de rêves. Siège plus marqué de la perception visuelle, de l'intuition, des sensations et des émotions, il traite plus globalement l'information sans tenir compte de l'espace et du temps, des normes et des conventions sociales. La vision qu'il projette est panoramique et sa perspective d'ensemble expose la cohabitation de l'ombre et de la lumière en nous. Libéré du jugement propre à la pensée logique qui domine le jour, le message du rêve ne ment pas. Selon Marie-Louise von Franz (1915-1998), collaboratrice de Jung, la psychologie des profondeurs entend par l'ombre les qualités mises en veilleuse dans le processus d'intégration consciente de la personnalité. Refoulées et en partie non vécues, elles ont été exclues de la vie consciente en raison de préjugés sociaux, éthiques, pédagogiques ou autres. « *L'ombre remplit un rôle compensatoire par rapport à la conscience; c'est pourquoi ses effets peuvent aussi bien être négatifs que positifs*[34]. »

L'hémisphère droit étant plus actif pendant l'activité onirique, c'est dire que l'homme possède un mécanisme autonome favorisant l'équilibre des fonctions imputables à chacun des hémisphères cérébraux. À ce propos, selon Crabbé, des études menées auprès de sociétés plus intuitives que rationnelles, dont l'hémisphère droit est plus sollicité le jour, ont permis d'observer que, pour assurer cet équilibre, les scènes de rêve puisent davantage dans l'hémisphère

---

33. Notes personnelles extraites d'une formation (1980-1981) sur l'approche du Dr Anna Jean Ayres, Ph. D. OTR, FAOTA, auteure du livre *Sensory Integration and the Child*, 1979.
34. M.-L. von Franz, *Rêves d'hier et d'aujourd'hui,* Paris, Éditions Albin Michel (Collection Espaces Libres), 1992, p. 196.

gauche. C'est dire que les hémisphères cérébraux agissent en complémentarité pour le maintien de cet équilibre. Pourquoi s'acharner à les opposer [35]?

L'intuition est, encore aujourd'hui, trop souvent étouffée par la pensée rationnelle. Ne dit-on pas aux jeunes enfants d'écouter leur petite voix intérieure pour se protéger de certains abus? Pourtant, à l'âge adulte, paradoxalement, nous investissons beaucoup d'efforts à l'ignorer, accordant tout le crédit à la pensée rationnelle. Ce clivage, entre ce qui relève de l'une ou l'autre de ces formes de pensée, se traduit trop souvent par une prise de position unilatérale. Il favorise soit la pensée rationnelle dénudée de toute subjectivité, de toute intelligence émotionnelle, soit la pensée strictement intuitive sous la gouverne du désir ou de l'impulsion. Le travail avec le rêve offre une opportunité d'appréhender les choses autrement, rétablissant l'équilibre entre ces deux formes de pensée.

L'expérience personnelle

L'expérience personnelle contribue souvent à dépasser le scepticisme soulevé par le rêve. Il peut s'agir d'un rêve marquant depuis la tendre enfance ou encore d'un rêve récent, bouleversant ou répétitif. Parfois, ce sont des rêves télépathiques ou prémonitoires qui éveillent la curiosité du rêveur. Certains seront gênés par des rêves récurrents de poursuite et s'y intéresseront pour essayer d'y mettre un terme. Ces communications de l'inconscient, à l'intérieur du sommeil, nous sont parfois adressées avec une intensité troublante qui persiste le jour suivant, voire pendant quelques jours, pour nous inviter à réagir. En portant un peu plus d'attention à ce qui se passe dans sa vie (habitudes de vie, difficultés relationnelles, etc.), le rêveur se trouve ravi, impressionné par le lien étroit entre ce qui s'exprime en lui et ce qu'il vit. Cette expérience marque souvent le point de départ d'un questionnement plus élaboré sur l'activité oni-

35. Crabbé, *« La fonction du sommeil paradoxal »*, dans *Sommeil et rêves* (mis à jour le 3 mars 2010), [www.sitemed.fr] (consulté le 11 mai 2010).

rique et d'une reconnaissance plus importante de sa valeur. Voici deux exemples pour illustrer ce propos.

Premier exemple

Un rêve marquant fait par le Dr William C. Dement, autorité mondiale en matière de recherche sur le sommeil, dont il fait la narration dans son livre *Avoir un bon sommeil* :

> « Un jour de 1964, je crache dans mon mouchoir et je découvre avec horreur que mon crachat est constellé de taches rouges. Je demande immédiatement à un ami radiologue de me faire une radio, et dès le lendemain je retourne à son cabinet, mort de peur. Il m'accueille avec une expression lugubre que je n'oublierai jamais et m'entraîne devant le panneau lumineux accroché derrière son bureau. Sans mot, il glisse ma radio sur le panneau. Et je vois que mes poumons sont piquetés de taches blanches – une douzaine de tumeurs cancéreuses. Alors une vague d'angoisse et d'horreur impuissante me submerge. J'en ai la respiration coupée. Ma vie est fichue. Je ne verrai plus grandir mes enfants. Et tout ça parce que j'ai fumé, en sachant parfaitement ce que je risquais. Je me dis : « Espèce d'imbécile, c'est ta propre vie que tu as bousillée! » Et je me réveille[36]. »

Il explique à quel point ce rêve a bouleversé sa vie. Il était en lien avec son contexte de fumeur, son rythme de vie effréné et la privation de sommeil inhérente à son travail de recherche sur celui-ci. Selon lui, ce rêve lui a sauvé la vie en lui montrant le futur vers lequel il se dirigeait avec toutes les apparences de la réalité, l'incitant ainsi à réviser ses habitudes. À l'instar de plusieurs chercheurs en neurosciences, il est persuadé de l'utilité des rêves. À la question : *Pourquoi rêvons-nous ce que nous rêvons?* il répond que le rêve « *contient des implications profondes, non seulement pour*

---

36. W. C. Dement Dr, C. Vaughan, *Avoir un bon sommeil*, Paris, Éditions Odile Jacob, 2000, p. 289.

nous-mêmes, mais aussi pour la nature de la conscience et les mécanismes les plus profonds du cerveau humain[37] ».

DEUXIÈME EXEMPLE

Un rêve troublant survenu alors que je cherchais vainement à réconcilier des points de vue divergents dans une équipe de travail, intitulé spontanément *La fillette en fauteuil roulant* :

> « Je suis dans une belle grande pièce, très lumineuse. Debout à la fenêtre, je sens la brise printanière faire onduler un rideau léger et j'observe avec émerveillement un arbre fleuri d'oiseaux qui me gratifient de leur concert. Simultanément, je vois derrière moi, au centre de cette pièce déserte, une fillette d'environ sept ans, fragile et immobilisée dans un fauteuil roulant. Je lui dis : *Il faut te lever et venir profiter de cette scène. Vite, sinon ce sera trop tard!* Les oiseaux m'informent qu'ils sont sur le point de partir et s'exécutent. Me retournant, j'observe la fillette ranger méticuleusement ses jouets avec un sens exagéré du devoir qui la prive de cette scène! Je suis envahie de tristesse à l'idée que, de son propre gré, elle s'empêche de vivre des moments heureux. »

Malgré sa beauté, ce rêve m'a laissée avec une tristesse profonde. En l'explorant, j'ai compris que mon inconscient, comme lui seul pouvait le faire, me rappelait l'effet paralysant et le sentiment d'isolement provoqués, en bas âge, par un sens exagéré du devoir. Par analogie, il m'invitait à faire le lien avec le contexte du moment présent et questionner le rôle de médiation qui m'immobilisait et m'isolait entre deux groupes qui s'affrontaient. Il m'appartenait de me positionner différemment; je n'avais pas à porter cette responsabilité. L'approche d'exploration proposée au chapitre 5 rendra plus explicite le processus qui m'a menée à mieux saisir le sens de ce rêve afin de pouvoir en bénéficier.

---

37. *Ibid*, p. 291.

Si, depuis le début de l'humanité, l'histoire du rêve semble parfois piétiner, revenir sur ses pas pour s'élancer à nouveau, elle ne fait pas pour autant marche arrière. C'est plutôt le mouvement du pendule, à la recherche d'un nouvel équilibre, qui prend aujourd'hui en compte le rêveur et son contexte, l'intuition et la raison, ainsi que l'autonomie du rêveur pour accéder au sens du rêve.

CHAPITRE 2

Le rêve à l'intérieur du sommeil

« Le rêve, troisième état du cerveau, aussi différent du sommeil que le sommeil l'est de l'éveil [—] est la plus grande énigme que le cerveau rêveur propose au cerveau éveillé. »

MICHEL JOUVET

Ce chapitre présente un portrait général du sommeil afin d'y situer le rêve et les facteurs susceptibles de l'influencer.

LE SOMMEIL À L'INTÉRIEUR DE NOS RYTHMES BIOLOGIQUES

À l'instar de notre environnement naturel soumis à des rythmes et des événements cycliques sous l'influence du système solaire, les rythmes biologiques du corps humain sont régis par une horloge interne. Ils couvrent des périodes d'environ 24 heures, appelées rythmes circadiens, des termes latins *circa* (environ) et *dies* (journée). Ces rythmes régulent la température corporelle, le rythme cardiaque, les sécrétions hormonales, l'humeur, le niveau d'éveil, etc. Ainsi, ils exercent une influence majeure sur nos états de vigilance et régulent nos cycles veille/sommeil[38 39].

En tandem avec cette horloge interne interagit une horloge externe, significativement marquée par des donneurs de temps. La lumière agit comme principal donneur de temps, suivie des habitudes de vie : routine de sommeil, horaires de travail, etc. C'est dire qu'une exposition suffisante à la lumière, une stabilité des habitudes de sommeil ainsi que des activités bien équilibrées le jour favorisent un sommeil plus réparateur la nuit. En contrepartie, ce dernier favorise une vigilance accrue le jour.

Le graphique qui suit illustre la fluctuation de l'état de somnolence sur une période de 24 heures.

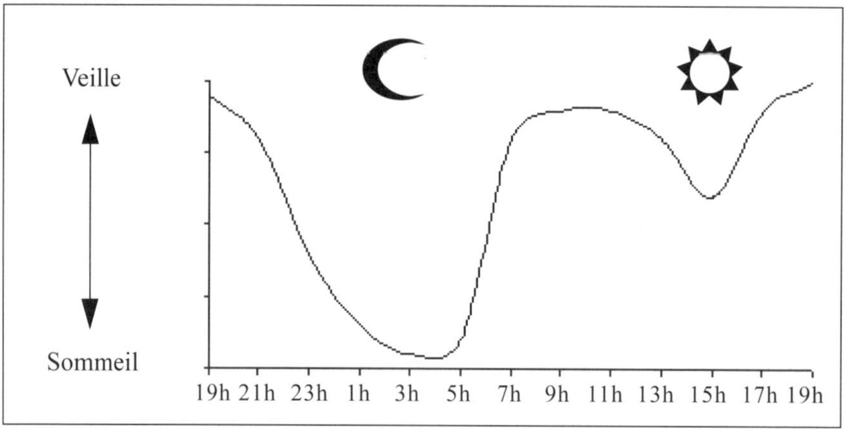

Source : Dr Eric Mullens, 1995, *http://eric.mullens.free.fr/somn_f.htm#Rythme. Consulté le 10 janvier 2011.*

GRAPHIQUE 1 : Le rythme circadien de la somnolence

38. Université McGill, *« Dormir, rêver... »*, dans *Le cerveau à tous les niveaux*, [http://lecerveau.mcgill.ca] (consulté le 10 janvier 2009).
39. Douglas, Institut universitaire en santé mentale, *« Troubles des rythmes circadiens (veille/sommeil) »*, dans *Passeport santé*, octobre 2010 [www.passeportsante.net] (consulté le 7 décembre 2010).

Le sommeil correspond à une période moyenne de 8 heures par jour, soit au tiers de notre vie. Défini pendant des années comme un état soustrait au monde extérieur, il a longtemps été associé à une perte de temps. À la fin du XIXe siècle, Thomas Edison, inventeur et industriel américain, a entraîné un changement radical des habitudes de vie avec l'invention de l'électricité. Soutenu par ce virage technologique important, l'homme pouvait désormais demeurer actif nuit et jour, ses habitudes de sommeil n'étant plus conditionnées par la lumière naturelle[40 41].

Cependant, en même temps qu'il a bouleversé le rythme de vie de l'homme, ce virage technologique a permis de faire avancer de façon spectaculaire la connaissance du sommeil au milieu du XXe siècle. La recherche a mis en évidence un état beaucoup plus actif qu'on ne le croyait jusque-là. Chaque nuit, s'abandonnant au sommeil, le dormeur bénéficie d'un véritable petit laboratoire interne œuvrant à la récupération et au maintien de son intégrité physique et psychique. Toutefois, pour profiter pleinement des effets du sommeil sur la santé, il faut en reconnaître l'importance et lui créer des conditions favorables.

En observant l'architecture du sommeil, il est plus facile d'en saisir le fonctionnement général et l'utilité, ainsi que la place plus spécifique qu'y occupe normalement le rêve.

L'architecture du sommeil

La nuit est composée de quatre à six cycles successifs de sommeil comprenant chacun cinq stades. Ces cycles, dont la durée moyenne est de 90 minutes, se suivent comme des trains qui entrent en gare à heures fixes. Le graphique présenté ci-dessous, aussi

---

40. J. P. Caldwell, M.D., *Le sommeil. Le comprendre et l'améliorer, ses troubles et ses remèdes.* Association médicale canadienne, Laval, Éditions Guy St-Jean (collection Santé), 1997, 269 p.
41. Biographie de Thomas Edison, [www.futura-sciences.com/fr/biographie] (consulté le 15 mars 2010).

appelé *hypnogramme*, illustre la succession des cycles et, à l'intérieur de chacun, l'évolution des stades qui les composent. Le sommeil lent léger correspond aux stades 1 et 2, le sommeil lent profond aux stades 3 et 4 et, finalement, le sommeil paradoxal qui termine chacun des cycles.

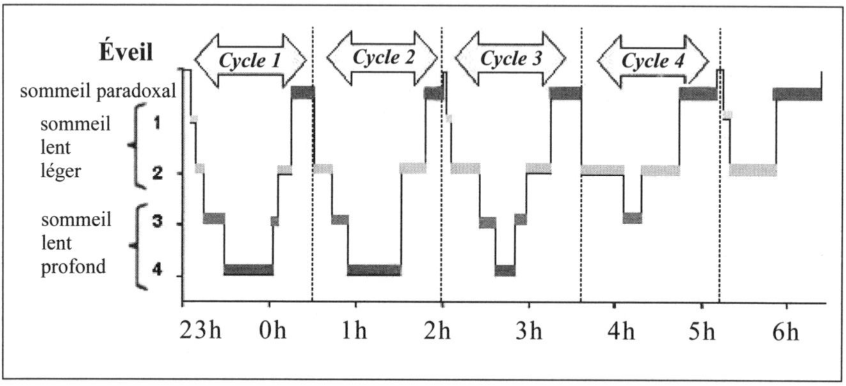

Source : Université Mc Gill, *Le cerveau à tous les niveaux*. Consulté le 10 janvier 2011.

GRAPHIQUE 2 : Les cycles et stades du sommeil

Ce graphique met en évidence la régularité avec laquelle les stades se succèdent et la variation de leurs durées à mesure qu'évolue la nuit. Il illustre bien l'activité dynamique du sommeil plutôt que l'inertie dont on le qualifiait avant de l'étudier plus en profondeur. Contrairement à la croyance populaire, une bonne nuit de sommeil ne se fait pas sans interruption. Elle est, naturellement, ponctuée de microréveils ou de passages par un sommeil très léger, lors des transitions d'un cycle à l'autre.

Dans un laboratoire de Chicago, au cours des années 1950, des chercheurs américains, Dr Eugene Aserinsky, Nathaniel Kleitman et William C. Dement, ont identifié pendant un stade précis du sommeil des mouvements oculaires rapides (MOR), soit des mouvements horizontaux et occasionnellement verticaux des pupilles. Observables à l'œil nu, ils caractérisaient un stade du sommeil à la suite duquel le réveil du dormeur était, la plupart du temps, accompagné de souvenirs de rêves. Pour ces chercheurs, à cette étape de leur investigation, ce stade était associé au sommeil lent, l'état du cerveau demeurant le même toute la nuit.

Pour la première fois au cours de la même période (1958), le Dr Michel Jouvet, chercheur français à l'Université de Lyon, mettait en relation ce stade du sommeil, exhibant des mouvements oculaires rapides, avec une activité cérébrale intense. Il en faisait un état distinct du sommeil lent, un troisième état du cerveau d'où émergent davantage de souvenirs de rêves. Jouvet a nommé ce stade « *sommeil rapide ou paradoxal* » (SP), en raison de l'activité cérébrale plus importante. Le paradoxe tient du fait qu'il s'agit d'un état du sommeil très profond accompagné d'une activité physiologique importante et d'une disparition complète du tonus musculaire.

Le sommeil paradoxal ne doit pas être confondu avec le rêve, bien que les scènes y soient souvent plus élaborées et faciles à mémoriser. Ce dernier correspond à un épiphénomène du sommeil, plus subjectif, dont les scénarios sont impossibles à documenter pour l'observateur externe : *« L'homme sait qu'il rêve depuis l'aube de l'humanité, mais ce n'est que depuis 1957 que l'on a pu identifier les périodes de sommeil paradoxal comme corrélats neurophysiologiques du rêve*[42]. »

Le rêve plus élaboré qui se déroule en sommeil paradoxal est décrit par Jouvet comme un *phénomène subjectif dont le seul témoin en est le souvenir*, lui-même assujetti à la mémoire du rêveur et à sa capacité d'en faire la narration. Il y a consensus des chercheurs à savoir que l'activité cérébrale est aussi intense que celle observée le jour, lorsque le cerveau est le plus sollicité. Pour plusieurs experts, le cerveau serait plus efficace la nuit, étant moins bombardé par les nombreux stimuli sensoriels qui affluent le jour.

42. Jouvet, *op. cit.*, p. 129.

Pour Fluchaire, ce stade correspond à un état cérébral et psychique intense, à un véritable *orage cérébral*[43].

Voici les manifestations apparentes et l'utilité du type de sommeil qui caractérise chacun des stades, ainsi que l'alternance de ces stades au cours de la nuit.

Le sommeil lent (stades 1 à 4)

Il correspond aux quatre premiers stades de chacun des cycles du sommeil, évoluant d'un sommeil très léger à un sommeil de plus en plus profond, et caractérisé par une activité cérébrale lente. Ses principales manifestations sont : une immobilité presque totale du corps avec un tonus musculaire bas, un visage inexpressif, des yeux pratiquement immobiles derrière les paupières closes, des rythmes cardiaque et respiratoire lents et réguliers, etc. Il sert d'abord à la récupération physique. C'est surtout pendant les stades 3 et 4, où il est le plus profond, que se font la synthèse du glucose et des protéines, la sécrétion de l'hormone de croissance, la consolidation et le développement du système immunitaire, la réparation tissulaire, etc. Ces activités sont déterminantes pour la guérison et le maintien de la santé. Le graphique 2 de la page 42 illustre bien l'activité plus importante de ces fonctions en début de nuit puisque, avec l'évolution des cycles, le sommeil léger se substitue progressivement au sommeil profond.

Le sommeil rapide ou paradoxal

Il correspond au dernier stade de chacun des cycles du sommeil, avec une activité cérébrale significativement plus importante qu'en sommeil lent. Il se manifeste principalement par des mouvements oculaires rapides, un visage plus expressif, l'accélération et l'irrégularité du pouls et de la respiration, une diminution marquée de la sensibilité aux stimuli sensoriels externes, une paralysie des mus-

43. Fluchaire, *op. cit.*, 348 p.

cles longs, une stimulation de la fonction érectile, peu importe le sexe et l'âge, sans rapport avec le contenu des scènes oniriques, etc. Pendant ce stade, la consommation d'énergie est accrue, en particulier par le glucose et l'oxygène. La paralysie temporaire des muscles longs locomoteurs, qui le caractérise, permet au rêveur de sentir et de vivre avec intensité ses rêves sur une scène virtuelle, sans les agir, et donc sans risque de se blesser. Ce stade termine chacun des cycles du sommeil et sa durée augmente avec la progression de la nuit.

Au cours des dernières décennies, la recherche a surtout mis en évidence l'importance du sommeil paradoxal pour l'équilibre psychique, la consolidation de la mémoire et l'intégration des apprentissages.

L'alternance du sommeil lent et du sommeil rapide au cours de la nuit

Tous les stades du sommeil ont leur importance, et ils agissent en complémentarité. Pour rêver il faut d'abord s'abandonner au sommeil lent, précurseur du sommeil rapide. Ce dernier consomme une grande quantité d'énergie, qu'il puise aux réserves constituées en sommeil lent profond : « *Dans les conditions habituelles, le sommeil paradoxal ne survient jamais au cours de l'éveil. Il doit donc être préparé ou initié par une phase véritable de sommeil à ondes lentes*[44]. » C'est dire que de demeurer en sommeil lent léger toute la nuit, sans passer par le sommeil lent profond, ne permet pas de bâtir les réserves énergétiques nécessaires au sommeil rapide. Il faut donc lâcher prise, se laisser glisser dans le sommeil lent léger puis profond pour pouvoir bénéficier du sommeil paradoxal.

---

44. Jouvet, *op. cit.*, p. 85.

Le rêve à l'intérieur des cycles du sommeil

Selon les experts, nous rêvons toute la nuit. Cependant, le niveau d'élaboration des images oniriques et la capacité d'en conserver le souvenir varient selon le stade du sommeil où le rêve se produit.

Les rêves en sommeil rapide ou paradoxal

En laboratoire, on a démontré que le réveil suivant un stade de sommeil paradoxal se fait plus facilement et s'accompagne de souvenirs de rêves qui peuvent persister jusqu'au matin. Les chercheurs Dement et Kleitman ont, entre autres, observé que 80 % des dormeurs réveillés au terme de ce stade pouvaient raconter une ou des scènes de rêve. À l'opposé, seulement 6,9 % y parvenaient si le réveil se faisait à la fin d'un stade de sommeil lent[45].

L'activité cérébrale plus importante qui caractérise le sommeil paradoxal permet d'en garder plus facilement le souvenir même s'il est en général très volatil, il est mieux conservé qu'en sommeil lent. C'est à ce moment que le rêve prend toute son amplitude sensorielle et émotionnelle, et que les scènes sont les plus élaborées et complexes. Pour Brillon, le cerveau droit, plus actif en sommeil paradoxal, présente une supériorité au déclenchement et à l'expression corporelle des émotions positives ou négatives[46]. Des études ont démontré que c'est au cours de ce stade que le rêve prend sa structure finale, son plein développement : « *Ainsi on pourrait concevoir que le sommeil lent se prête à l'ébauche d'une élaboration onirique, qui débuterait sous forme de pensées et de réflexions, ne mettant pas à contribution toutes les participations sensorielles et motrices*[47]. »

---

45. *Ibid*, p. 110.
46. M. Brillon, *Les émotions au cœur de la santé. Mieux connaître nos émotions pour s'en faire des alliées*, Montréal, Les Éditions de l'Homme, 2009, p. 50.
47. Jouvet, *op. cit.*, p. 113.

Les rêves sont donc plus fréquents et plus intenses avec la progression de la nuit, à mesure qu'augmente la durée du sommeil paradoxal[48][49]. Cette observation contribue à expliquer pourquoi le souvenir de rêves est plus présent au réveil spontané du matin. Juste avant ce dernier, la période de rêve peut atteindre 40 minutes, parfois plus, comparativement à une dizaine de minutes à la fin du premier cycle du sommeil.

Le sommeil paradoxal occupe 20 à 25 % du temps de sommeil chez l'adulte. Ainsi, les experts s'entendent pour dire que le temps moyen de rêves cumulé au cours d'une vie correspond à plus ou moins cinq ans. Jouvet indique, quant à lui, sur le site de l'Université de Lyon, que le temps de rêve représente environ 10 % d'une vie. Bien que, selon les chercheurs, l'état des connaissances soit encore très modeste, la proportion importante du temps qui y est consacré témoigne de son utilité. Pour eux, s'il en était autrement, cette fonction ne se serait pas maintenue à travers l'évolution.

Les rêves en sommeil lent

Ce sommeil est plus léger et les scènes qui s'y déroulent génèrent moins d'émotions désagréables, parce que plus influencées par le contrôle de la volonté. En raison de l'activité cérébrale plus lente de ce type de sommeil, les pensées qui l'habitent sont plus près des scènes de la vie quotidienne, et le souvenir qu'on en conserve est moindre qu'en sommeil paradoxal. Des images qualifiées d'hypnagogiques ou hypnopompiques peuvent apparaître en début et en fin de nuit, dans la phase de transition éveil/sommeil. D'autres manifestations peuvent également apparaître, plus particulièrement en sommeil lent profond.

---

48. Desseilles, Dang-Vu, Maquet et Schwartz, *op. cit.*, p. 44-51.
49. Crabbé, J-M. *« Le sommeil paradoxal une physiologie du rêve »*, dans *Sommeil et rêves* (mis à jour le 3 mars 2010), [www.sitemed.fr] (consulté le 7 décembre 2010).

- **Les images hypnagogiques**
  Le terme hypnagogique, du grec ancien *upnos* (sommeil) et du verbe *ago* (conduire, mener), représente les images qui mènent au sommeil. Nettes et vivaces, elles accompagnent l'endormissement et sont empruntées au monde matériel (illustrations visuelles telles des photos, des formes géométriques, etc.) ou au monde mental (sentiments de poursuite, impressions de chute, etc.). Elles peuvent parfois être issues de la juxtaposition de ces deux mondes. Le système locomoteur n'étant pas encore désactivé, elles s'accompagnent parfois de sursauts. Pour Tobie Nathan, elles sont également appelées *effervescences*.
- **Les images hypnopompiques**
  Le terme hypnopompique, du grec ancien *upnos* (sommeil) et de *pompique* (aspiré, puisé) concerne les images qui sont tirées du sommeil. Comparables aux images hypnagogiques, elles se situent cette fois à la sortie du sommeil, dans la transition vers l'éveil. Par conséquent, elles sont plus présentes lors du réveil du matin[50] [51].
  Dans le cas des images hypnopompiques, à l'opposé de ce qui se passe à l'endormissement, il peut y avoir persistance de la paralysie temporaire des muscles locomoteurs. C'est un peu comme si ce mécanisme de protection tardait à se désactiver à la suite d'une période de sommeil paradoxal plus longue en fin de nuit.
- **Autres manifestations du sommeil lent profond**
  Les terreurs nocturnes, le somnambulisme et la somniloquie (parler en dormant) surviennent généralement en sommeil lent, principalement aux stades 3 et 4, où le sommeil est plus profond. La somniloquie peut exceptionnellement survenir en sommeil paradoxal. Puisque à ces stades du sommeil

50. [www:/fr.wiktionary.org/wiki/] (consulté le 18 avril 2011).
51. Jouvet, *op. cit.*, p. 41.

l'activité cérébrale est lente, elles échappent à la conscience du dormeur, le laissant plutôt désorienté au réveil, sans souvenirs de ce qui s'est passé. De plus, n'étant pas sous l'effet de la paralysie des muscles locomoteurs qui accompagnent le sommeil paradoxal, des mouvements de grande amplitude allant jusqu'à la locomotion peuvent être observés. Ces manifestations sont plus présentes en début de nuit, le sommeil étant plus profond au cours des deux premiers cycles du sommeil. On les décrit dans la littérature comme étant des difficultés de transition d'un stade à l'autre du sommeil[52 53]. Pour Jouvet, ces manifestations correspondent à des états d'éveil partiel, à ne pas confondre avec les états de rêve du sommeil paradoxal. Le cauchemar, qui se déroule en sommeil paradoxal, ne s'accompagne généralement pas de mouvements de grande amplitude. À l'opposé des terreurs nocturnes et du somnambulisme, il réveille systématiquement le rêveur, le laissant avec un inconfort et des souvenirs beaucoup plus précis de ce qui s'est déroulé sur la scène virtuelle.

DES FACTEURS QUI INFLUENCENT LE SOMMEIL PARADOXAL

La durée et l'importance de ce type de sommeil au cours de la nuit sont particulièrement tributaires de l'âge, du besoin de s'adapter à une situation nouvelle et de quelques autres facteurs pouvant affecter le sommeil et, par ricochet, le sommeil paradoxal.

L'âge

Le besoin quotidien moyen de sommeil varie au cours du développement. De 16 à 18 heures pour le nourrisson (4 premières

---

52. Université McGill, *« Dormir, rêver... »*, dans *Le cerveau à tous les niveaux*, *op.cit.* (consulté le 28 janvier 2010).
53. C. Morin, *Vaincre les ennemis du sommeil,* Montréal, Les Éditions de l'Homme, 2009, p. 231.

semaines de vie) et de 9 à 10 heures pour l'adolescent (10 à 19 ans[54]), il se stabilise autour de 8 heures chez l'adulte. Il est important de retenir qu'il s'agit de moyennes et que les besoins individuels varient sensiblement d'un individu à l'autre. Si la personne âgée a besoin d'autant de sommeil à 85 ans qu'à 40 ans, il est plus léger et fragmenté et, par conséquent, de moindre qualité. L'évolution du sommeil paradoxal (SP) au cours de la vie est illustrée ci-dessous.

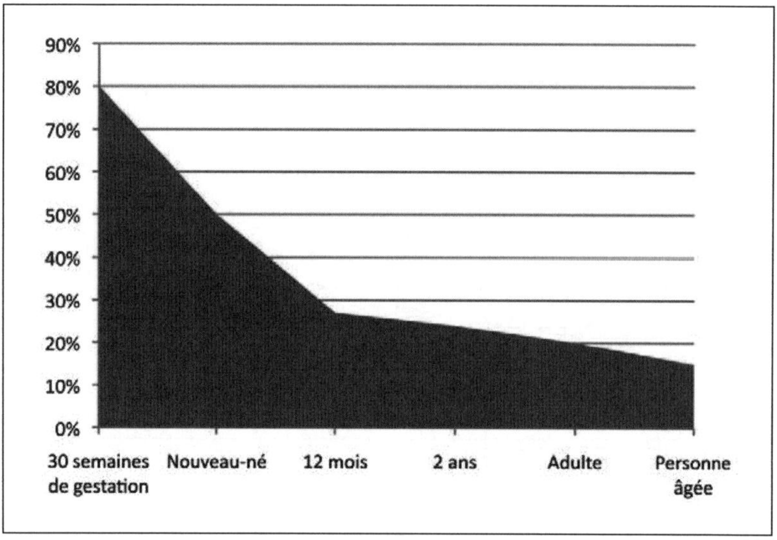

Sources de données : *Dormir, rêver, mourir. Explorer la conscience avec le Dalaï-Lama – Dreamguider : Open the Door to Your Child's Dreams*, Denyse Beaudet

GRAPHIQUE 3 : Évolution de la durée du sommeil paradoxal (SP) selon l'âge

La structure du sommeil, cycles et stades, commence à se définir au cours de la vie fœtale. Déjà à cette étape du développement,

54. Société canadienne de pédiatrie, Comité de santé de l'adolescence, *« La limite d'âge entre l'adolescence et l'âge adulte »*, dans *Paediatrics & Child Health* (2003 8(9): 578, no de référence : AH03-02, réapprouvé en janvier 2011), [http://cps.ca/francais/enonces/AM/ah03-02.htm] (consulté le 18 avril 2010).

on peut observer des phases de sommeil agité, précurseur du sommeil paradoxal, qui apparaît dès le troisième mois de vie.

Un enfant né prématurément, à 30 semaines, passe 80 % de son temps de sommeil, en moyenne de 20 heures par jour, en sommeil agité. À terme, chez le nouveau-né, ce sommeil occupe de 50 à 60 % du temps de sommeil, alors qu'il dort entre 18 et 20 heures par jour. Le sommeil agité ou paradoxal jouerait un rôle déterminant dans la maturation du système nerveux central au cours de la vie fœtale, dans les premières semaines de vie et pendant la période plus tardive de maturation[55] [56].

Chez les mammifères, c'est le cerveau de l'homme qui est le plus immature à la naissance en raison de son évolution. L'amener à maturité au cours de la grossesse rendrait l'accouchement beaucoup plus laborieux. C'est dire que le développement du cerveau humain se poursuit intensément dans les semaines, les mois, voire les premières années de la vie où doivent se faire de nombreux apprentissages[57]. À ce propos, Jouvet précise que « *[d]e nombreux travaux ont établi que plus un mammifère nouveau-né est immature (et plus sa thermorégulation est fragile), plus le temps occupé par le sommeil paradoxal est important : 50 à 60 % du temps occupé par le sommeil chez le cerveau humain [—]* [58]».

Il va de soi qu'on ne parle pas du rêve comme tel, mais du sommeil agité chez le nouveau-né et du sommeil paradoxal chez le jeune enfant. Des chercheurs affirment la présence du rêve en début de vie, mais en raison du langage qui se développe plus tardivement, seules les mimiques faciales qui le caractérisent peuvent en

55. Crabbé, J-M. dans *Sommeil et rêves : psychique et physiologique, les deux faces de notre vie,* Paris, Editions Ellébore (collection Champs ouverts), 2003, p. 36. [http://books.google.ca/] (consulté le 10 juin 2011).
56. Jouvet, *op. cit.*, 242 p.
57. A. Jacquard, Notes personnelles prises lors d'une conférence au grand public, Bastia, Corse, 14 mai 2008.
58. Jouvet, *op. cit.*, p. 49.

témoigner. Ainsi, le rêve plus élaboré prend place avec l'apparition du langage et témoigne alors de son évolution[59].

Puisque le sommeil paradoxal contribue à l'élaboration des structures complexes du cerveau humain, sa durée diminue avec l'âge pour atteindre 20 à 25 % du temps de sommeil chez l'adulte. Intimement lié au développement physiologique et mental, après 65 ans il tendrait à diminuer[60]. Cependant, comme il sera précisé ci-dessous, même après cet âge, d'autres facteurs contribueraient à en maintenir la présence pour faciliter le processus d'adaptation.

Le besoin de s'adapter à une situation nouvelle

De nombreuses études mettent en évidence une intensification de ce type de sommeil en situation d'adaptation, qu'il s'agisse d'une nouvelle condition de vie, de nouveaux apprentissages, etc. S'ajuster à un nouvel environnement humain ou physique, vivre un deuil (perte de l'intégrité physique, d'un être cher, d'un emploi, etc.), vivre une grande joie, suivre une formation, etc., tout cela contribue à en augmenter la durée, sans égard à l'âge.

Tout se déroule comme si les circuits neuronaux mis en place pour de nouveaux apprentissages le jour étaient réactivés la nuit pour les rejouer et mieux les intégrer aux acquis. En situation d'adaptation, il n'est donc pas surprenant d'entendre le dormeur dire qu'il rêve plus qu'à l'habitude.

Selon les experts, en cas de traumatismes, les cauchemars récurrents témoigneraient des efforts faits par la psyché pour résoudre les problèmes. La situation se répétera jusqu'à ce que la personne, par le rêve, puisse classer l'événement dans sa mémoire à

59. D. Beaudet Ph.D, *Dreamguider. Open the Door to Your Child's Dreams*, Charlottesville, Hampton Road Publishing Company Inc., 2008, p. 5.
60. Sous la direction de F. J. Varela, *Dormir, rêver, mourir. Explorer la conscience avec le Dalaï-Lama,* Paris, Éditions NIL, 1998, p. 51-53.

long terme et passer à autre chose[61]. Ainsi, le rêve serait la scène de tentatives répétées pour résoudre les situations conflictuelles de la vie éveillée.

Autres facteurs

Sans les identifier de manière exhaustive, en voici quelques-uns. Le stress psychologique (inquiétude, anxiété, surmenage, dépression, etc.) ou le stress physique (inconfort, douleur, problèmes de ronflements importants, voire d'apnée du sommeil, etc.) peuvent nuire au sommeil et, consécutivement, perturber ou compromettre l'activité onirique. Bien que le stress nécessite un besoin d'adaptation propice à l'augmentation de ce type de sommeil, il peut créer l'effet contraire par un abandon plus difficile au sommeil. Il y a convergence d'opinions chez les experts pour dire que, ces facteurs de stress éliminés, il y a recrudescence du sommeil paradoxal.

La fièvre, la prise de médicaments, de psychotropes, d'alcool de même que certaines atteintes neurologiques, etc., peuvent également empêcher ou altérer ce type de sommeil. Ces facteurs agissent sur le fonctionnement du cerveau et, par ricochet, sur les mécanismes du sommeil.

Même inscrit tout naturellement dans nos rythmes biologiques, le sommeil nécessite que soient mises en place des conditions pour lui permettre de jouer pleinement son rôle de récupération et de maintien de la santé physique et psychique. Notre société, toujours plus engagée dans une course contre la montre et prête à hypothéquer son temps de sommeil, génère des conditions néfastes pour la santé physique et psychique. L'habitude d'écourter son sommeil d'un ou plusieurs cycles, pour créer de l'espace à l'agenda, en compromet les bienfaits. De nombreuses recherches ont mis en

---

61. Brillon, *op. cit.*, p. 101-102.

évidence la baisse de performance et de productivité qui en résulte, contrairement aux gains escomptés en agissant ainsi.

Puisque cet ouvrage a pour but de traiter du rêve et de sa valeur pour l'accomplissement de soi, il est important de retenir qu'en réduisant le nombre d'heures de sommeil, c'est le sommeil paradoxal, scène de l'activité onirique, qui en souffre le plus. Il est le plus systématiquement perturbé, puisque sa durée augmente avec la fin de la nuit.

CHAPITRE 3

Le langage et les fonctions du rêve

« [N]os langues "modernes" existent depuis à peine quelques siècles; au contraire, notre monde intérieur s'exprime par l'image depuis des temps immémoriaux. C'est pour cette raison que je qualifie le langage symbolique de ***langue maternelle de l'âme****. »*

MARIE-LISE LABONTÉ ET NICOLAS BORNEMISZA

Le langage du rêve a ses particularités qui n'ont rien à voir avec le hasard et lui permettent de jouer un rôle déterminant pour l'évolution de chacun. Ce qui suit traite de la singularité de ce langage et de comment, à travers celui-ci, les fonctions du rêve contribuent à soutenir cette évolution propre à chacun.

POURQUOI LE LANGAGE DU RÊVE EST-IL SI PARTICULIER?

Le langage du rêve habille une forme originale, parfois clownesque, nécessitant d'être apprivoisé pour en comprendre le sens. Prenant sa source ailleurs que dans les structures du cerveau sollicitées le jour, il défie les conventions établies par la pensée rationnelle.

L'architecture du sommeil observée en laboratoire a permis de mettre en évidence certaines manifestations physiologiques dont quelques-unes sont décrites au chapitre 2. Pour les chercheurs, l'activation plus spécifique de certaines zones cérébrales, pendant l'activité onirique, contribuerait à en expliquer le langage imagé et singulier, la diversité et l'intensité des émotions qui l'accompagnent, et son effet sur la mémoire[62] [63] [64]. La région temporo-occipitale (pour l'image visuelle), l'hippocampe (pour la mémoire) et l'amygdale (pour le traitement des émotions) sont particulièrement activés. L'hémisphère cérébral droit, également plus actif, plus intuitif et doté d'une capacité d'intégration extraordinaire à l'abri des contraintes de temps, d'espace et de normes sociales, ajoute à l'originalité de ce langage. Il n'a pas la même logique que l'hémisphère gauche qui domine le jour, plus analytique et plus rationnel. Ainsi la créativité du rêve se trouve renforcée par un éveil important des sens et de la mémoire. Selon Monique Brillon : « [l]*es pensées et les images s'associent les unes aux autres par analogie et métaphore, sur la base des sensations et des sentiments qu'elles partagent, sans tenir compte de la logique ni du temps*[65]. »

---

62. T.T. Dang-Vu, et all, *« Dreaming : A Neuromaging View », Archives suisses de neurologie et de psychiatrie,* 2005, p. 415-424. [http://www.sanp.ch/pdf/2005/2005-08/2005-08-111.PDF] (consulté le 20 octobre 2010).
63. Brillon, *op. cit.*, 246 p.
64. Jouvet, *op. cit.*, 242 p.
65. Brillon, *op. cit.*, p. 75.

L'émotion qui accompagne les mises en scène est un aspect important du langage du rêve, et peut varier de l'indifférence à une intensité pouvant provoquer l'éveil. Chargé d'images, de couleurs et de sensations, l'inconscient crée l'atmosphère appropriée pour renforcer le scénario présenté et, par conséquent, la portée de son message. Également, pour être plus percutant et pouvoir communiquer en peu de temps, il condense et amplifie l'information. Cela ajoute à l'originalité du rêve et encourage notre tendance à banaliser, voire ridiculiser ces scénarios qui échappent à la logique de la pensée rationnelle qui ne s'y reconnaît pas.

Le rêve ouvre donc sur des perspectives nouvelles et plus larges, et s'alimente de la pensée créative, intuitive, plus émotionnelle et sage qui nous habite plus profondément, *in-conscience*. Pour en comprendre le sens, il faut lui concéder cette originalité et se souvenir qu'il se développe à partir de notre histoire personnelle et transpersonnelle, et couvre une réalité plus vaste que la dimension individuelle.

Parfois, les scènes oniriques se comparent à celles qui se passent le jour et sont plus facilement accessibles à la conscience. Cependant, elles sont la plupart du temps de nature symbolique utilisant un langage plus indirect, élaboré à partir de symboles personnels et universels.

Les symboles

Renvoyant à quelque chose de plus large que leur sens immédiat, les images utilisées sur la scène du rêve dévoilent un aspect inconscient moins précis, dans le but d'attirer notre attention. À l'égard de notre société où le symbolisme s'est atrophié, Placide Gaboury exprime que les Occidentaux s'en remettent davantage aux idéologies, aux textes écrits et, enfin, à ce qui est défini de l'extérieur, plutôt qu'à la richesse symbolique qui dort en eux : « *Ils croient au papier plus qu'à la forêt. Mais c'est la forêt qui contient tous les documents, c'est elle le réservoir des légendes, des labyrinthes, des dragons et des princesses endormies*[66]. »

Dans son livre *Les hasards nécessaires*, Jean-François Vézina abonde dans le même sens. Pour lui, parce que l'inconscient a accès à un plus vaste éventail de données, il peut traiter et résoudre un problème en se servant des symboles[67].

Pour Jung, les symboles personnels et universels s'alimentent à des niveaux de profondeur différents de l'inconscient. L'inconscient individuel correspond à une couche plus superficielle et plus personnelle qui repose sur une autre, plus profonde et innée, que l'on désigne « inconscient collectif »[68]. Pour lui, c'est un langage qui ne ment pas, « *[l]es rêves sont des produits de l'âme inconsciente; ils sont spontanés, sans parti pris, soustraits à l'arbitraire de la conscience. Ils sont pure nature et, par suite, d'une vérité naturelle et sans fard [—]*[69] ».

Les symboles personnels

S'il nous était demandé, individuellement, d'inventer une histoire inspirée de l'observation des nuages, au même endroit et au même moment, il en résulterait des scénarios très variés, reflets des différences de chacun. C'est ainsi, puisque les symboles s'alimentent à l'expérience personnelle.

Avec l'âge, l'histoire personnelle s'enrichit et les symboles se multiplient, contribuant ainsi à l'élaboration de mises en scène de plus en plus diversifiées. Les dictionnaires de symboles, qui réfèrent à leur sens collectif, parviennent mal à éclairer le rêveur et ris-

---

66. P. Gaboury, *L'homme qui commence. Croissance spirituelle et liens cosmiques*, Boucherville, Éditions de Mortagne, 1993, p. 182.
67. J.-F. Vézina, *Les hasards nécessaires. La synchronicité dans les rencontres qui nous transforment.* Montréal, Les Éditions de l'Homme, 2001, p. 42.
68. C.G. Jung, *Les racines de la conscience,* Paris, Éditions Buchet/Chastel (Collection Le Livre de Poche), 1971, p. 23-24.
69. Jung, *L'âme et la vie, op. cit.*, p. 73.

quent même de l'égarer. Y recourir devrait faire partie de l'exception plus que de la règle, afin de ne pas substituer un sens préétabli au sens personnalisé fourni par les associations spontanées, plus représentatives du rêveur : « *La conception gestaltiste soutient que tous les éléments oniriques, soit les personnages, les objets, les animaux, les monstres, les détails de l'environnement, bref, tout dans le rêve présente une partie de nous-mêmes*[70]. » C'est dire que le rêveur est le mieux placé pour donner un sens aux éléments qui composent la scène onirique.

Si le travail avec le rêve vise à mieux se connaître pour évoluer vers un mieux-être, le rêveur a tout à gagner à procéder par introspection plutôt que par exploration à partir de symboles prédéfinis. L'autonomie à tirer parti de ses rêves s'acquiert beaucoup plus rapidement en faisant l'effort de tenter d'établir soi-même les liens avec son vécu. Pour Fluchaire, le rêve est aussi intime que les traits du visage ou les empreintes digitales. S'appuyer sur un code fixe pour l'élucider, alors qu'il est une expression aussi personnelle et subtile de soi, relève de la naïveté[71].

Voici, à l'aide d'un exemple, comment à partir d'une image, sans faire l'effort de référer à son propre contexte, le rêveur peut s'éloigner du sens du rêve. Dans les dictionnaires de rêves, l'eau réfère souvent aux émotions. L'eau débordante, envahissant le sol autour de la maison, dans laquelle il se noie, peut refléter au rêveur un manque de contrôle sur ses émotions, alors que l'eau qui tarit pourrait dévoiler une insensibilité, un détachement. Il est possible que ce soit là le sens du rêve, mais en le considérant d'un point de vue plus personnel, l'eau qui tarit pourrait plus judicieusement refléter la crainte d'une perte de revenu pour un vendeur d'eau embouteillée, une menace environnementale pour un écologiste, etc. Avant d'apprivoiser une nouvelle langue, c'est normal de vouloir s'en remettre au dictionnaire. Dans le cas particulier du rêve,

---

70. Hamel, *op. cit.*, 204 p.
71. Fluchaire, *op. cit.*, p. 247.

combattre ce réflexe pour trouver le sens en soi est beaucoup plus efficace.

Le symbole personnel est donc bien plus porteur d'un sens adapté à soi qu'on a tendance à le croire lorsqu'on commence à s'intéresser au rêve. Il varie avec une sensibilité beaucoup plus grande que le symbole universel et doit être considéré avec ouverture et souplesse, pour pouvoir établir des liens avec son propre vécu.

Les symboles universels

Avec une fréquence moindre, les rêves se construisent à partir de l'inconscient collectif qui abrite l'expérience et l'histoire de l'humanité. Pour Jung qui a défini le concept d'inconscient collectif, l'esprit humain au même titre que le corps, garde les traces de son développement phylogénétique : *« Les "couches" plus profondes de l'âme perdent, avec la profondeur et l'obscurité croissantes, leurs particularités individuelles. Elles deviennent de plus en plus collectives à mesure qu'on avance vers les "bas" [—]*[72] ». Un peu comme les arbres de la forêt qui se rencontrent par leurs racines dans les profondeurs du sol.

Les symboles universels renvoient aux images archétypales partagées par tous les humains, et sont largement influencés par la culture, le contexte d'une communauté, d'une collectivité. Inscrits dans l'expérience de l'humanité depuis l'aube des temps, ils peuvent émerger à la conscience lors d'états particuliers. Pour Jean-François Vézina, « *[i]ls sont les racines primordiales des complexes qui structurent nos comportements, images, affects et pensées. L'archétype serait donc une prédisposition à répondre d'une certaine façon à certains aspects du monde*[73] ». Selon qu'ils sont positifs ou négatifs, ils se présentent sous la forme de person-

---

72. Jung, *L'âme et la vie, op. cit.*, p. 64 et 89.
73. Vézina, *op. cit.*, p. 134.

nages sacrés, d'images divines, magiques ou, à l'opposé, de personnages menaçants, démons, vampires, etc. Pour Hamel, les rêves qui contiennent des archétypes correspondent souvent à une étape de développement personnel et spirituel dans la vie d'un individu[74] [75] [76].

Différemment des symboles personnels, ils peuvent nécessiter le recours aux dictionnaires ou à un tiers pour en comprendre le sens. Puisque les rêves sont le plus souvent développés à partir des symboles personnels et que ce livre vise surtout l'apprentissage à les explorer de manière autonome, je n'approfondirai pas les symboles universels. Les symboles personnels sont nettement suffisants pour ce faire. Pour Ullman, qui a consacré une grande partie de sa carrière à l'étude du rêve, la capacité de chacun à en extraire les messages ne fait pas de doute. Quant à celle du thérapeute, elle réside beaucoup moins dans sa connaissance des symboles que dans son habileté à comprendre comment la conscience éveillée du rêveur tente d'ignorer, de contourner ce que le rêve essaie de lui révéler : « *[E]n général, les vérités de nos rêves ne sont pas hors de notre portée. Le soutien et l'aide dont nous pouvons avoir besoin ne sont pas nécessairement d'ordre professionnel*[77]. »

Mon intention ici n'est pas de banaliser le travail du psychothérapeute qui utilise ces symboles et archétypes en thérapie. Mon propos vise surtout à mettre en évidence le potentiel de chacun à puiser dans ses rêves, sans systématiquement recourir à un expert pour alimenter sa réflexion. Par analogie, on peut se nourrir sainement, sans l'aide d'un nutritionniste, ce qui n'exclut pas d'y recourir au besoin.

---

74. Jung, *L'âme et la vie, op. cit.*, 415 p.
75. Hamel, *op. cit.*, 204 p.
76. Gaboury, *op. cit.*, 309 p.
77. Ullman et Zimmerman, *op. cit.*, p. 56.

LES FONCTIONS DU RÊVE

Bien que le rêve recèle encore une grande partie de mystère, il y a consensus des experts pour dire que, si cette fonction n'était pas utile à l'homme, elle n'aurait pas survécu au fil du temps. Élaboré à partir d'un état de conscience altéré et plus vaste que l'état d'éveil, il permet de dépasser et de corriger la connaissance limitée et partiale que nous avons de nous-mêmes. Il offre, au moment opportun, une information sur mesure pour nous ancrer dans le présent, en harmonie avec la vie qui bat au plus profond de notre être. Scènes oniriques et événements de jour agissent en complémentarité pour nous faire évoluer.

Rappelons que le sommeil paradoxal correspond à un état particulier de vigilance et qu'il induit des changements neurophysiologiques observables et mesurables, objectivés en laboratoire par la recherche scientifique. À l'opposé, le rêve est un épiphénomène de ce type de sommeil, de nature subjective et plus abstraite. Pour cette raison, la recherche se doit d'être encore plus rigoureuse. Cependant, comme mentionnée au premier chapitre, la littérature scientifique abonde de données de plus en plus probantes sur le sujet. Les experts s'entendent sur son rôle de premier plan pour la restauration et le maintien de l'équilibre psychique, la consolidation de la mémoire et l'intégration des apprentissages[78] [79].

Toutefois, il ressort de la documentation que les fonctions du rêve ne font pas l'objet d'une classification uniforme. On y trouve des catégorisations différentes concernant son utilité (libérer, guérir, apprendre, prévenir, etc.), ses propriétés paranormales (télépathie, prémonition, etc.), son intensité ou sa récurrence, son niveau de symbolisme, sa nature spontanée ou induite, voire dirigée, etc. Ces fonctions se distribuent mal en catégories. Souvent très près les unes des autres, elles ne s'excluent pas mutuellement. La classifi-

---

78. Université de Liège, *« Description des phases du sommeil et de leurs rôles »*, [www.tastout.ulg.ac.be] (consulté le 11 juin 2008).
79. Jouvet, *op. cit.*, 242 p.

cation proposée ici vise essentiellement, par un survol, à faire ressortir l'amplitude et l'utilité du rêve. Pour cette raison, et sans prétendre à l'exhaustivité, voici présentées dans le tableau qui suit quelques fonctions générales, dont quelques-unes sont découpées en fonctions plus spécifiques.

Fonctions générales	***Fonctions spécifiques***
Maintenir et restaurer la santé	• Maintenir et restaurer l'équilibre psychique • Maintenir et restaurer l'équilibre physique
Soutenir les apprentissages et l'intégration	• Contribuer à la maturation du système nerveux central • Contribuer au processus d'individuation • Contribuer à la consolidation de la mémoire et des apprentissages
Soutenir la prise de décision	• Établir des passerelles avec le passé • Établir des passerelles avec le futur • Établir des passerelles avec des événements se produisant simultanément
Inspirer et développer sa créativité	
Participer à l'expansion de soi	

Que le rêve porte l'étiquette de l'une ou l'autre de ces fonctions ne change en rien sa portée pour le rêveur. Ce qui importe, c'est d'en saisir le sens et non de l'associer à une catégorie en particulier. Pour illustrer ces fonctions, des exemples sont tirés de la documentation sur le sujet, de témoignages de personnes connues ou, encore, de personnes qui ont participé à mes activités sur le rêve.

Maintenir et restaurer la santé

Pour décrire plus finement comment le rêve agit sur la santé, les dimensions psychique et physique sont traitées isolément. Le fait de procéder ainsi relève uniquement du besoin de l'exercice, puisque ces deux composantes, imbriquées l'une dans l'autre, sont indissociables chez l'humain.

MAINTENIR ET RESTAURER L'ÉQUILIBRE PSYCHIQUE

Exprimant des émotions qui échappent le plus souvent à la conscience éveillée, le rêve contribue au maintien et à la restauration de l'équilibre psychique. Sans souvenirs précis des scénarios de rêve, il arrive que l'intensité des émotions, agréables ou désagréables, provoque le réveil du dormeur. Refoulées par notre besoin d'être en contrôle, elles trouvent un exutoire libérateur sur la scène virtuelle, sans conséquence pour soi ou pour autrui. Pour Brillon : « *[l]es scientifiques comme les théoriciens de la psychanalyse croient de plus en plus que la principale fonction du rêve serait de résoudre les situations émotionnelles problématiques vécues à l'état de veille, et ce, quelle que soit leur nature*[80] ». Appuyée par la documentation scientifique, elle souligne l'interaction des zones cérébrales impliquées dans la gestion de la mémoire et des émotions pour faire faire des liens à la conscience éveillée. Éclairé par ces liens, le rêveur accède un peu plus au sens de ce qu'il vit, et consécutivement à une reprise de pouvoir sur sa vie. Combien de fois n'entend-on pas la phrase suivante : «Si au moins je savais de quoi il s'agit, cela m'apaiserait! »? Ainsi le passage des émotions vécues par le corps vers un niveau plus élevé de conscience, celui de l'image mentale, contribue à libérer les tensions physiques au cœur du processus de guérison. Brillon rejoint ainsi les principes de la médecine psychosomatique qui marquent le lien étroit entre la psyché et le corps.

Le rêve joue également un rôle de compensation libérateur des tensions défavorables à la santé psychique. Victor E. Frankl, survivant de l'holocauste juif et auteur du livre *Découvrir un sens à sa vie avec la logothérapie*, souligne l'importance capitale de cette

80. Brillon, *op. cit.*, p. 97-100.

fonction pour soulager, pour offrir un peu de paix au prisonnier, victime d'atrocités le jour. Les scènes où il se voit libre, jouissant de sa vie familiale, etc., offrent un contrepoids salutaire, porteur d'une énergie essentielle au maintien de l'équilibre dans un tel contexte[81]. En nous offrant l'opportunité de vivre des émotions contraires à celles de la vie éveillée, le rêve contribue à contrebalancer le déséquilibre induit par des émotions paralysantes, incubatrices de maux physiques.

La fonction adaptative du rêve est fréquemment soulignée dans la littérature pour illustrer son soutien dans les passages de la vie, qu'il s'agisse de situations ponctuelles ou encore d'étapes en lien avec le développement de la personne. Par exemple, les scènes oniriques qui traitent du passé n'ont pas pour objectif d'inciter le rêveur à faire marche arrière. Au contraire, elles visent à lui faire comprendre ce qui se passe au présent, pour l'inviter à s'y ancrer davantage et à mieux le vivre. Ullman précise à ce propos « *[qu'e]n mettant en évidence nos relations entre le présent et le passé, nos rêves mettent en lumière à la fois nos points forts et nos points faibles dans notre héritage émotionnel. C'est en ce sens que l'on peut dire qu'ils sont un mécanisme thérapeutique au plan émotionnel*[82] ».

De plus en plus d'ouvrages traitent également du potentiel d'accompagnement du rêve pour rassurer les personnes en fin de vie et leur faciliter le passage vers l'autre monde. Le livre de Nicole Gratton et Monique Séguin, *Les rêves en fin de vie*[83], illustre bien comment les rêves, à cette étape de transition, peuvent soutenir la grande traversée. Les métaphores qu'elles utilisent lèvent le voile sur les émotions qui habitent le rêveur à cette étape ultime de sa vie.

---

81. Dr V. E. Frankl, *Découvrir un sens à sa vie avec la logothérapie*, Montréal, Les Éditions de l'Homme, 2006, 130 p.
82. Ullman et Zimmerman, *op. cit.*, p. 74.
83. N. Gratton et M. Séguin, *Les rêves en fin de vie.100 récits de rêves pour faciliter la grande traversée*, Montréal, Éditions Flammarion Québec, 2009, 178 p.

Les proches peuvent saisir l'opportunité de partager sur ces scènes de rêve avec la personne concernée, lui ouvrir la porte pour exprimer ce qu'elle ressent. Je me souviens de ma mère qui, en fin de vie, a fait un rêve où mon père décédé lui indiquait la place qu'elle pourrait occuper en allant le rejoindre. Comme elle se sentait bien en racontant ce rêve! À l'évidence, elle était rassurée, réconfortée. J'ai également en mémoire la réflexion d'un collègue, médecin en santé communautaire, alors que je le questionnais sur le meilleur conseil à donner au conjoint d'une personne à qui il ne restait que peu de temps à vivre. Sagement, il m'a répondu que la pire chose à faire était d'éviter le sujet. Cette attitude contribuerait au contraire à se séparer de cette personne prématurément, par exclusion. Il suggéra plutôt d'aborder avec lui la situation dans toute sa vérité. Le rêve ouvre une porte sur ce que vit la personne qui se prépare à quitter son incarnation et il s'avère encore plus libérateur s'il fait l'objet d'un échange.

C'est dire que le rêve, par ses mécanismes de libération, de compensation, et de mise en conscience de ce qui se vit à l'intérieur, contribue à libérer des tensions psychiques. Ce faisant, il facilite l'adaptation aux différents passages de la vie et joue également un rôle de prévention en évacuant des tensions qui, autrement, risqueraient de se convertir en maux physiques.

MAINTENIR ET RESTAURER L'ÉQUILIBRE PHYSIQUE

Aristote, qui rejeta la théorie attribuant aux dieux et démons l'origine des rêves, les assimilant strictement à une activité sensorielle, n'en reconnut pas moins la valeur diagnostique pour informer des troubles du corps ne présentant pas de signes extérieurs[84]. On dit de Galien, qui fit le serment d'Hippocrate, qu'il prétendait s'être guéri dans un temple d'Asclépios, temple qui servait à l'incubation des rêves. Il « *croyait en la notion hippocratique selon*

84. Ullmann et Zimmermann, *op. cit.*, p. 39.

laquelle on pouvait diagnostiquer l'état mental et physique du rêveur par l'examen des analogies offertes par l'imagerie onirique aux principales humeurs humaines[85] ».

Patricia Garfield, psychologue américaine impliquée auprès d'équipes cliniques et auteure de nombreux ouvrages sur le rêve, souligne qu'on s'attarde trop exclusivement aux aspects négatifs qui se rattachent à la condition physique. Plutôt d'en rester là, il vaudrait mieux s'intéresser de plus près aux personnes qui ont pu changer les choses à l'aide du rêve. Pour elle, « *[s]'il est vrai que le bon fonctionnement de notre corps dans le rêve précède sa guérison réelle, il est impératif de nous mettre à pratiquer dans nos rêves le comportement d'un corps en bonne santé*[86] ». Un jour, elle-même victime d'une fracture au poignet et à l'avant-bras gauches, elle a été informée par un rêve qu'il s'agissait bien d'une fracture. À sa première visite à l'hôpital, on lui avait diagnostiqué une foulure. La douleur persistante et le rêve de son bras cassé qui suivirent l'incitèrent à retourner consulter. Un examen plus poussé révéla qu'il s'agissait non seulement d'une fracture, mais d'une mauvaise fracture. Cette expérience personnelle et ses propres observations cliniques sur des patients l'amenèrent à conclure que si, normalement, les fonctions naturelles du corps créent des sensations qui se convertissent en images oniriques, nous ne devrions pas nous étonner que des processus corporels anormaux en fassent autant. C'est dire que, lorsque le corps est malade, nos rêves sont les premiers à le savoir et à en témoigner[87].

Cette auteure cite également l'exemple d'un homme qui, dans son rêve, *« tombait d'une jetée entre deux piles de dock. Un yacht était amarré à côté et le bateau l'écrasait contre les piles*[88] ». Cet homme qui se plaignait déjà de palpitations au creux de l'estomac,

---

85. Delaney, *op. cit.,* p. 49.
86. P. Garfield, *Guérir par les rêves. Les interpréter pour se soigner,* Paris, Éditions Albin Michel, 1994, p. 72.
87. *Ibid.*, p. 30.
88. *Ibid.*, p. 63.

poussé par son rêve, en fit part à son médecin qui lui prescrivit un électrocardiogramme révélant un infarctus latent du myocarde. Ainsi, tant pour cette psychologue que pour le patient auquel elle réfère, le rêve posait un diagnostic pour lequel il était urgent d'intervenir.

Plus personnellement, lors d'un exercice d'exploration avec un groupe, une participante dont le rêve traitait de problèmes de tuyauterie dans sa maison a pu faire des liens avec sa condition physique, étant en attente d'un diagnostic pour un problème circulatoire.

En dehors du diagnostic, le rêve constitue un précieux soutien pour accompagner la personne confrontée à la perte d'intégrité physique, à des incapacités temporaires ou permanentes, et pour suggérer des solutions d'adaptation ou de remédiation. Quelques rêves communiqués par Guy Corneau lors d'une conférence de l'International Association for Study of Dreams (ASD), tenue à Montréal en juillet 2008, alors qu'il était lui-même en processus de rémission d'un cancer de stade 4, illustrent assez bien ce propos. Deux de ces rêves sont repris ici pour illustrer comment, s'ils servent à diagnostiquer le problème, ils aident également à identifier les solutions. D'abord pour le diagnostic :

> « Je me trouve au sommet d'un pic de montagne. Je contemple un autre sommet où se situe un petit village. Il règne une atmosphère des plus étranges. Cet autre pic est enveloppé par un brouillard causé par une tempête de sable, si bien que parfois je vois le hameau et que l'instant d'après il disparaît à mes yeux. Je décide de marcher vers le village. La nuit tombe maintenant. Je me retrouve sur la place carrée en plein centre de celui-ci. J'y assiste à un spectacle déroutant : une armée d'adolescents et d'adolescentes, des punks, tous et toutes habillés de noir avec des chaînes qui brillent dans la nuit sombre, se disputent les restes d'une rock star qu'ils viennent d'assassiner après son spectacle – ils la mangent. Il s'agit d'une sorte de rituel sanglant qui me fait frémir d'horreur. Je me mets à fuir éperdument pour regagner ma maison, mais l'un des jeunes me

> poursuit. Je ne connais pas ses intentions; toutefois, je ne peux m'arrêter de courir pour lui faire face tellement ma frayeur est grande. Je traverse ma demeure en coup de vent et poursuis ma fuite désespérée jusqu'à mon réveil[89] [90]. »

Je ne reprendrai pas l'analyse exhaustive faite par l'auteur. Ce qui importe ici est le rapport entre les scènes oniriques et son processus de guérison. Corneau a pu établir un pont entre la vue de la rock star agressée violemment par des adolescents et l'attaque foudroyante de ses cellules cancéreuses. Il a mis en évidence la force du rêve, pour l'ébranler, le pousser à se questionner. S'il a insisté sur le côté bouleversant d'un tel rêve pour le confronter à la maladie qui s'emparait de son corps, il a également démontré comment des scènes oniriques épouvantables peuvent être porteuses de solutions. Déjà dans ce rêve-cauchemar, la détermination et la force des adolescents lui donnaient l'espoir de jouir à nouveau d'une telle vitalité et de s'en sortir. Le rêve suivant est venu lui suggérer des avenues pour retrouver l'équilibre perdu :

> « Je suis avec une femme qui reste énigmatique tout au long du rêve. Nous devons nous rendre dans les catacombes de Montréal pour aller assister à un exploit scientifique. En effet, des savants ont réussi à isoler un cœur qui bat depuis trente ans sans aucun support technique et sans être connecté à aucun organe vivant. Cela relève du miracle. Avec mon amie, nous nous présentons donc devant la porte du souterrain. Il s'agit d'une énorme porte en pierre blanchie à la chaux. Une minuscule serrure doit être activée pour que nous puissions entrer. Je fouille dans mes poches et, à ma grande surprise, j'y trouve la clé. Elle a une forme spéciale, petite et carrée. La porte s'ouvre et nous nous retrouvons dans une pièce qui n'a pas été visitée depuis trente ans. Je m'attends à y trouver un cœur dans un bocal, mais rien de la sorte. Il y a plutôt deux consoles

---

89. G. Corneau, *Revivre!*, Montréal, Les Éditions de l'Homme, 2010, p. 37.
90. G. Corneau, Conférence internationale de l'ASD, Montréal, 8 juillet 2008.

installées de façon très sommaire sur des boîtes de carton. Elles servent à faire du montage de musiques ou de films, à l'ancienne, avec de grosses bobines. Pour sûr cette installation date d'avant le numérique.

Par contre la pièce où nous sommes est high-tech. Elle ressemble à une soucoupe volante qui serait complètement vitrée. Mon amie s'approche de l'une des fenêtres. Celle-ci donne sur un débarcadère de ciment qui s'enfonce dans le fleuve Saint-Laurent. Je m'approche et je vois le spectacle suivant : une femme est en train d'accoucher d'un enfant, étendue à même la dalle. Elle a de l'eau jusqu'aux hanches. Elle veut noyer son nouveau-né en l'abandonnant au fleuve. Nous nous précipitons dehors. Je pénètre dans l'eau pour y récolter un nouveau bébé tout rose pendant que mon amie aide la mère à se relever de son accouchement. Je lui apporte le bébé et le mets dans ses bras. Nous l'encourageons à garder son enfant et lui promettons de l'aider. En me penchant sur elle, je reconnais avec surprise l'actrice Céline Bonnier[91] [92]. »

Ici, je me limiterai, à partir de l'analyse détaillée faite par l'auteur, à souligner des éléments porteurs de solutions pour évoluer vers la guérison. Le fait qu'il s'agisse de catacombes et d'une pièce non visitée depuis trente ans l'ont invité à faire des ponts avec son entrée à l'Institut Carl Gustave Jung à Zurich trente ans plus tôt. Ce faisant, il laissait derrière lui l'aspiration à une carrière artistique, lien renforcé par la petite clé carrée semblable à celle de son coffret de guitare. Quant à la scène de l'accouchement, émotionnellement très chargée, elle lui révélait, malgré les périodes de découragement auxquelles il était parfois tenté de s'abandonner, un désir beaucoup plus profond de guérir, de vivre. De plus, élément motivateur important dans le rêve, il parvenait à se sortir de là. Luttant dans sa vie éveillée pour s'échapper de l'impasse dans laquelle il se

91. G. Corneau, *Revivre!, op. cit.*, p. 97.
92. G. Corneau, Conférence internationale de l'ASD, *op. cit*.

trouvait, le rêve pointait dans la direction de cette créativité négligée depuis trente ans. Comme elle était négligée au détriment de sa santé, il devait la reconsidérer pour libérer l'énergie qui voulait circuler plus librement à travers lui. Fort de cette introspection, il a trouvé dans cette information, issue de sa sagesse intérieure, la solution pour recouvrer la santé. Sa carrière professionnelle de psychologue qu'il affectionne toujours avait pris beaucoup de place, toute la place, l'éloignant de l'équilibre nécessaire à sa santé. S'adressant avec émotion à la salle lors de cette communication, il a terminé par cette touchante réflexion reprise dans son livre : « *Les élans créateurs sont multiples et leur mise en œuvre nous rapproche du bonheur et de la santé. J'ai suffisamment payé avec des douleurs et des souffrances pour avoir le droit de vous dire qu'il n'est pas bon d'aller contre ses élans vitaux.* »

Les auteurs et experts cités ne prétendent surtout pas attribuer tous les pouvoirs au rêve. La mort est une étape de la vie et, dans certains cas, le rêve, plutôt que de soutenir le processus de guérison du corps, soutiendra le processus de guérison de l'âme, et permettra au rêveur d'envisager avec plus de sérénité la réalité plus difficile qui se dessine.

Soutenir les apprentissages et l'intégration

Plus spécifiquement, le rêve concourt à la maturation du système nerveux central, au processus d'individuation, et à la consolidation de la mémoire et des apprentissages.

Contribuer à la maturation du système nerveux central

Au cours des cinquante dernières années, les chercheurs ont établi des relations entre la durée du sommeil paradoxal et la maturation, myélinisation du cerveau. Il a été mentionné au chapitre 2 que le sommeil paradoxal évolue au cours de la vie. Plus important au début, il s'intensifiera plus tard, au moment opportun, pour soutenir les besoins d'adaptation de chacun. Il y a consensus des experts quant à son rôle déterminant sur la maturation du système nerveux central au cours de la vie fœtale et néonatale, périodes importantes d'apprentissage, et pendant des périodes plus tardives de maturation. Il servirait à modeler le cerveau par le développement de nouveaux circuits neuronaux et la consolidation de ceux déjà existants. La stimulation qu'il procure permettrait de préparer le cerveau à réagir de manière adaptée aux futures stimulations sensorielles. Pour Nathan, le temps de rêve en est un de fabrication, de constitution ou de renforcement des structures. De cette façon, chaque nuit, il en résulte quelque chose de nouveau. Particulièrement en début de vie, des structures complexes s'édifient, dont les contenus se révéleront plus tard. Le langage en est un exemple. Il se prépare depuis déjà longtemps quand l'enfant commence à parler vers l'âge de deux ans[93] [94] [95].

Jean-Louis Valatx, spécialiste des troubles du sommeil, décédé en 2009, a occupé la fonction de directeur des recherches à l'Institut national de la santé et de la recherche médicale de Lyon, de l'Université Claude Bernard. Pour lui, le sommeil agité en début de vie est précurseur du sommeil paradoxal et joue un rôle de premier plan pour le développement. Si le langage, absent chez le nouveau-né, ne permet pas de témoigner de la présence de scènes de rêve, il en est autrement pour l'adulte. Plus tard dans la vie, l'augmentation des durées du sommeil paradoxal jumelée à des souvenirs de rêve plus abondants concorde avec des périodes d'apprentissage[96].

---

93. Jouvet, *Le sommeil et le rêve, op. cit.*, p. 49 et 165.
94. Brillon, *op. cit.*, p. 93.
95. T. Nathan, *op. cit.*, p. 123 et 152.
96. J.-L. Valatx, Université Claude Bernard à Lyon, *« À quoi rêvent les bébés? »* dans *Sciences et avenir : le rêve* (1996), [http : /sommeil.univ-lyon.fr] (consulté le 11 novembre 2010).

CONTRIBUER AU PROCESSUS D'INDIVIDUATION

Par ses mécanismes de liaison et d'intégration de l'information, le rêve jouerait un rôle important dans le processus d'individuation propre à chacun, défini par Jung. Ce processus de réalisation de son unicité s'adresse à ce qu'il y a de plus personnel en soi et pousse l'être à se distinguer, à se réaliser individuellement. Il ne doit surtout pas être confondu avec l'individualisme dans lequel nos rôles sociaux, tributaires des influences externes, nous confinent par la valorisation du faire et de l'avoir au détriment de l'être[97]. Pour Jouvet, c'est comme si le cerveau, pendant le sommeil paradoxal, effectuait un tri au niveau de la mémoire, éliminait l'information superflue et mettait en relief celle qui nous fera progresser sur la voie de la réalisation personnelle. Autrement dit par Brillon, pendant ce type de sommeil, « *[—] le cerveau apprendrait à concilier les règles sociales apprises durant le jour avec les exigences biologiques des mécanismes de survie*[98]. »

Pour Perls, le rêve est l'expérience la plus spontanée de l'inconscient qui contribue à la restauration de la globalité, de l'entièreté de soi. Il renvoie à un processus plus dynamique que statique et s'inscrit dans le cheminement de l'homme tout au long de son existence[99] [100]. Mark Thurston compare le rêve à un grand casse-tête compliqué dont il faut travailler à rassembler les pièces : « *Chaque événement de la vie éveillée constitue l'une de ces pièces, de même que chaque rêve. Au fur et à mesure que vous réussirez à rassembler les pièces, vous commencerez à distinguer le tableau général de ce que vous êtes, et de ce qu'est le sens de votre vie*[101]. »

Pour parvenir à une plus grande unicité, il faut apprivoiser l'ombre en soi. Le rêve permet d'y parvenir sans se défiler de la

97. Von Franz, *op. cit.*, 203 p.
98. Brillon, *op. cit.*, p. 94.
99. Perls, *op. cit.*, p. 13 et 45.
100. Collectif l'Arc-en-Ciel, *op. cit.*, p. 39.
101. M. Thurston, *Les rêves. Réponses d'aujourd'hui aux questions de demain,* Boucherville, Les Éditions de Mortagne, 1994, p. 93.

réalité intérieure propre à chacun. Il offre une voie à la réunification. C'est la pensée rationnelle qui crée la dichotomie entre le bien et le mal, le clair et l'obscur, le féminin et le masculin, et qui évacue tout ce que nous ne pouvons accepter de nous-mêmes, tout ce que nous n'aimons pas ou ne voulons pas voir. Les efforts déployés pour rester en contrôle, exhiber la perfection et dissimuler l'ombre qui se terre en chacun de nous occultent une partie de nous-mêmes. Sans la nuit, le jour n'existerait pas. C'est de cette tension que naît l'énergie source de vie. Pour favoriser la santé, la pensée positive ne doit pas ignorer les émotions négatives. Elle doit au contraire les reconnaître et les métaboliser : « *Il faut apprendre à les voir comme des amies qui nous incitent à un travail mental pour mieux nous connaître et retrouver un état de sérénité*[102]. » L'inconscient a cette capacité de nous faire adhérer à toutes nos facettes pour une plus grande harmonie. Selon Carol Adrienne, auteure de *Votre mission de vie*, il faut plutôt considérer l'ombre comme le réservoir de tous nos côtés non conscientisés, y compris nos talents[103].

Appuyée par les plus récentes découvertes en neurosciences, la fonction intégrative et unificatrice du rêve fait donc consensus depuis de nombreuses années. L'observation de l'activité coordonnée de zones cérébrales impliquant mémoire et émotions en sommeil paradoxal corrobore cette capacité à créer des liens entre les différentes facettes de nous-mêmes.

CONTRIBUER À LA CONSOLIDATION DE LA MÉMOIRE ET DES APPRENTISSAGES

En rapport étroit avec l'influence du sommeil paradoxal sur la maturation du système nerveux central, des recherches ont mis en évidence un lien avec l'intégration des apprentissages. En période de turbulence ou d'adaptation à des situations nouvelles, il arrive

102. Brillon, *op. cit.*, p. 76.
103. C. Adrienne, *Votre mission de vie. Comment trouver votre place dans le monde grâce à l'intuition et à la synchronicité,* Saint-Léonard, Éditions du Roseau, 1999, p. 315.

couramment qu'on dise rêver davantage. Le cerveau, rapidement après un nouvel apprentissage, retraiterait l'information pendant une période plus ou moins brève, appelée phase de consolidation mnésique. Il faut donc que l'apprentissage soit suivi d'une période minimale de sommeil paradoxal (SP) pour que ce travail de mémorisation se fasse. Ainsi, la quantité de SP serait fonction de l'importance de l'information à mémoriser[104]. Pour Brillon, ce type de sommeil joue un rôle important pour la mémorisation à long terme, alors que le cerveau intègre l'information récente aux réseaux existants de mémoire, ou en crée d'autres pour y parvenir.

En appui à ce qui précède, aux États-Unis, des chercheurs ont constaté à quel point la privation de ce type de sommeil chez les adolescents, attribuable à la tempête hormonale et aux habitudes de vie, est nuisible à leurs apprentissages académiques. Pour cette raison, plusieurs universités (Liège, Ottawa, etc.) ont mis en ligne des conseils aux étudiants pour les prévenir des effets pervers d'écourter leur nuit de sommeil pour étudier. Rappelons que le sommeil paradoxal, plus important en fin de nuit, est le plus compromis par un tel comportement.

Les athlètes témoignent fréquemment de l'importance du rêve, pendant lequel ils continuent à s'entraîner sur la scène virtuelle, pour intégrer un mouvement ou une nouvelle routine et améliorer leurs performances. Le corps immobilisé par la paralysie des muscles longs, à ce stade du sommeil, est protégé des blessures qui pourraient résulter des mouvements du rêveur. Le rêve, véritable laboratoire d'apprentissage où l'on peut s'entraîner en toute sécurité, est le lieu d'une grande liberté d'action. Pour ces athlètes, que le sommeil s'inscrive parmi les habitudes de vie à respecter va de soi.

C'est dire que sur la scène virtuelle du rêve, la reprise d'expériences vécues la veille, agréables ou non, permet d'assimiler

---

104. Jouvet, *Le sommeil et le rêve, op. cit.*, p. 162. et 163.

l'information à la fois pour l'intégrer et pour préparer ce qui vient. D'après les chercheurs et intervenants cliniques qui œuvrent en situation de choc post-traumatique, revivre des situations traumatisantes en rêve relèverait d'une fonction naturelle d'intégration à un autre niveau.

Soutenir la prise de décision

Nous avons tous entendu un jour que la nuit porte conseil sans toujours accorder à cette phrase l'importance qui lui revient. Pourtant le rêve est un conseiller attitré et fidèle. Attitré dans le sens où il nous est personnel, détenteur de l'information propre à notre expérience et à notre essence profonde. Fidèle parce qu'il est présent nuit après nuit, que nous y portions attention ou non. C'est souvent au matin, à la sortie du sommeil, que nous mettons le doigt sur la solution à un problème qui nous préoccupait la veille, sans même nous souvenir d'avoir rêvé.

L'hémisphère droit, plus actif pendant le sommeil paradoxal, contribue à expliquer cette perspective plus large qui permet de faire des liens qui échappent à la conscience éveillée, et soutiennent le rêveur quant aux décisions qu'il doit prendre pour orienter sa vie dans le respect de ses aspirations profondes.

Sans contraintes de temps et d'espace, les rêves peuvent traiter du passé pour nous faire faire des liens utiles à la compréhension de ce qui se vit au présent. Ils traitent parfois discrètement et habilement du futur pour laisser filtrer ce qui se profile à l'horizon ou encore d'événements se déroulant simultanément sur la scène virtuelle et dans la vie éveillée. C'est souvent en relisant son journal de rêves que le rêveur réalise que des rêves oubliés l'informaient de ce qui allait se produire ou de ce qui se déroulait au même moment sur la scène de la vie éveillée.

ÉTABLIR DES PASSERELLES AVEC LE PASSÉ

Sur la scène onirique, les liens avec le passé ont surtout pour objet de nous ancrer dans le présent pour mieux le comprendre, le vivre et nous projeter en avant. Ils ouvrent la porte sur des solutions pour passer à l'action et nous permettre de sortir de situations paralysantes.

Pour illustrer ce propos, voici le rêve récurrent d'un événement passé fait par une jeune femme :

> « Je rêve que je suis à l'école de mon enfance, je me prépare à passer un examen. Je suis persuadée que ce sera difficile et je crains de ne pas être à la hauteur. Je me sens très mal, anxieuse. »

Lasse de faire ce rêve et avide de comprendre pourquoi cette situation loin derrière elle revenait sans cesse, cette rêveuse a raconté que, dans son enfance, les examens scolaires étaient source de grandes tensions. Atteinte d'un léger déficit de l'attention, non diagnostiqué à l'époque, chaque examen correspondait à une lutte d'où elle se sortait avec une estime d'elle-même toujours plus faible. Invitée à faire des liens entre ce sentiment d'incompétence d'alors et son contexte au moment du rêve, elle a réalisé qu'il ressurgissait quand elle éprouvait des doutes sur sa capacité à s'acquitter de nouvelles tâches, véritables examens. Il pouvait s'agir, entre autres, d'animer une réunion difficile, d'apprendre l'utilisation d'un nouveau logiciel, de préparer un repas pour la famille élargie, etc. Le rêve ranimait ce sentiment d'incompétence lorsque se présentaient de nouveaux défis dans sa vie d'adulte. La prise de conscience provoquée par cette scène récurrente lui a offert l'opportunité de couper le fil tissé, à son insu, entre cette expérience troublante du passé et ces tâches moins habituelles qui lui incombaient. Elle a pu reprendre confiance en elle, n'ayant aucune raison d'éprouver de tels sentiments pour des obligations dont elle savait très bien s'acquitter.

Souvent, le rêveur juge non pertinent ce rappel d'événements passés, les jugeant plutôt déplacés. Au contraire, c'est là toute la force et la souplesse de l'inconscient. En puisant dans la mémoire à long terme, même dans ce qui a été oublié depuis très longtemps, il juxtapose des éléments susceptibles d'attirer l'attention du rêveur sur des comportements qui se répètent et l'empêchent de progresser.

ÉTABLIR DES PASSERELLES AVEC LE FUTUR

Le Dr David Ryback affirme, à la suite d'une enquête menée sur une population qu'il qualifie de normale, qu'une personne sur douze a un jour fait un rêve à caractère parapsychique : *« [—] tant prémonitoire (qui prédisent les événements) que télépathique (qui mettent en scène des événements simultanés au rêve, mais dont le rêveur ne peut avoir connaissance)*[105] ». Selon lui, dans l'univers de Newton comme celui d'Einstein, le temps s'écoule autant vers l'arrière que vers l'avant. À ce propos, il suggère que le temps, défini par une flèche unidirectionnelle, ne soit rien d'autre qu'une accommodation de l'homme pour s'y retrouver : « *Il est possible que pour cette raison il apprenne à ignorer la mémoire du futur, les informations relatives au futur, et renvoyées vers le passé*[106]. »

C'est avec plus ou moins de précision que les rêves du futur dévoilent ce qui est à venir, qu'il s'agisse d'événements spectaculaires ou plus discrets, heureux ou malheureux, nous concernant de près ou de loin. Jung dit de cette fonction prospective du rêve qu'elle ne devrait pas nous étonner, puisqu'il est le produit d'émotions, de sentiments et de pensées qui ont échappé à la conscience éveilée. De ce point de vue, le rêve aurait une capacité pronostique plus grande que la conscience[107].

---

105. D. Ryback et L. Sweitzer, *Les rêves prémonitoires. Comment les reconnaître et les interpréter,* Mesnil sur l'estree France, imprimé par la Société Nouvelle Firmin-Didot, 1991, p. 23.
106. *Ibid.*, p. 45 et 47.
107. Jung, *L'âme et la vie, op. cit.*, p. 80.

S'appuyant sur les propos d'Edgar Cayce, médium le plus connu de notre époque (1877-1945), et largement consulté sur le sens de rêves de particuliers, Thurston précise que tout ce qui nous arrive dans la vie a d'abord été rêvé : « *Évidemment, il se peut que nous ne nous souvenions pas de ces rêves prophétiques, ou que nous ne les comprenions pas, surtout si le futur y est décrit de façon symbolique [—]. Rappelez-vous que le futur n'est ni déterminé, ni fixé d'avance*[108]. »

Si les rêves du futur soulèvent scepticisme chez certains, fascination et émerveillement chez d'autres, ils peuvent parfois générer un inconfort suffisant pour vouloir les éviter en s'abstenant de dormir. Il arrive assez fréquemment, lors de mes activités sur le rêve, que des personnes expriment un malaise par rapport à ces rêves dont elles ne savent trop que faire. Une meilleure connaissance du phénomène peut aider à y faire face et à retrouver plus de paix. Dans son livre *Rêves prémonitoires : Quand le futur se dévoile*, Carole Fortin précise qu'être en contact avec des inspirations et des intuitions le jour favorise ces rêves qui ne sont pas le fait de personnes aux capacités exceptionnelles, mais qui sont bien l'héritage de chacun. Rapportant les propos de Cayce, elle souligne que « *la prémonition est inhérente à la nature humaine. Elle est un pouvoir naturel de l'âme*[109] ». Elle traite du sujet avec finesse et rigueur, soucieuse de l'utilité de son propos. En plus d'y fournir de l'information sur ce type de rêves, elle fait part de moyens pour les apprivoiser.

Ces rêves, qui traitent du futur, présentent l'avantage de pouvoir faire ressortir ce qui risque de se produire si le rêveur ne porte pas attention à la situation, ou encore de le préparer à vivre l'inévitable sur lequel il n'a pas de prise. Ils abordent un éventail très large de sujets qui varient en importance et en émotions pour le rêveur. Le

---

108. Thurston, *op. cit.*, p. 35.
109. C. Fortin, *Rêves prémonitoires. Quand le futur se dévoile,* Montréal, Éditions Flammarion Québec (Collection advenir), 2005, p. 14.

rêve du Dr Dement, traité au chapitre 1, lui a fait voir de manière percutante ce à quoi il s'exposait s'il ne réévaluait pas ses habitudes de vie. Chez ma mère, le rêve récurrent de feu n'allait pas lui permettre d'éviter la situation, mais de s'y préparer.

Voici un rêve que le Dr Thierry Janssen a fait alors qu'il était sur le point d'entreprendre la rédaction de son livre *Le travail d'une vie*, qui allait valider la voie vers laquelle il se dirigeait. Pour situer le contexte, ce médecin a quitté sa pratique de chirurgien pour se diriger vers une approche plus globale de la santé, intégrant les dimensions corporelle, psychologique et spirituelle. En dépit du fait qu'il désirait dépasser les frontières dans lesquelles la médecine traditionnelle l'enfermait, son regard critique sur ses interventions de médecin-chirurgien ne faisait pas l'unanimité chez ses pairs et il en était déchiré. Habité et tiraillé par le questionnement sur la pertinence d'un tel travail, il a fait le rêve suivant intitulé *Mettre au monde un enfant* :

> « J'étais une femme d'origine arabe. Je me voyais, debout, les jambes écartées, et j'appelais ma fille qui regardait la télévision dans la pièce voisine. Entre mes jambes, la tête d'un bébé s'annonçait. J'étais en train d'accoucher. Ne recevant aucune réponse de ma fille, je l'appelai une seconde fois. Il fallait qu'elle me conduise à l'hôpital, j'allais mettre au monde un bébé et j'étais terrorisée à l'idée d'être privée de la sécurité d'un service hospitalier. Je ne reçus toujours pas de réponse. Je décidai alors de saisir la tête du bébé dans mes mains et, toujours debout, je procédai à mon accouchement. L'enfant (un garçon) sortit de mon ventre, je le brandis fièrement vers le ciel quand, soudain, je constatai que sa tête était déformée. Il me souriait. J'étais désespérée. Je ressentis alors de violentes contractions dans le bas de mon ventre. C'était mon utérus qui tentait d'expulser le placenta. L'angoisse m'envahit à nouveau. Je criai pour avoir du secours car je redoutais une hémorragie post-partum. Il fallait qu'un gynécologue m'aide à évacuer le placenta. Mais trop tard, le sang coulait. Je saisis alors le cordon ombilical, j'y fis un nœud, je le sectionnai et je tirai dessus

afin de faire sortir le placenta de mon ventre. Celui-ci s'évacua d'un coup et, lorsque je l'inspectai, il était entier. J'étais donc sauvée, le risque d'hémorragie était passé. Je vis alors mon bébé qui me souriait toujours et, soudain, son visage, déformé à la naissance, prit l'apparence de celui d'un superbe nourrisson. Et je me réveillai[110]. »

Plutôt abattu par la situation qu'il vivait, il s'est senti en pleine forme à la suite de ce rêve. Puisant dans son contexte personnel pour expliquer les éléments du rêve, il a fait la relation entre la femme arabe et la vue d'une émission télévisée sur la condition des femmes en Algérie, dans les jours qui ont précédé le rêve. Pour l'accouchement, il dit avoir déjà expliqué à un ami que son livre était comme un bébé rendu à terme, et qu'il lui fallait prendre le temps d'en accoucher. La fille qui ne répondait pas était, à son tour, en lien avec un échange qu'il avait eu sur la nécessité de trouver en soi ce qu'on croit obtenir des autres. Quant à l'hôpital où il a œuvré comme médecin, il représentait beaucoup de temps et d'énergie investis pour obtenir une reconnaissance.

Le message était clair pour lui, il pouvait cheminer en toute assurance, sans attendre l'approbation des autres pour donner vie au projet d'écriture qui l'animait. Il pouvait écrire son livre en toute liberté et puiser en lui ce qu'il fallait pour le terminer. Ce rêve illustre bien comment, en puisant dans les événements de la veille pour effectuer sa mise en scène, l'inconscient ne se limite pas à juxtaposer des éléments. Il les fait plutôt interagir habilement afin d'exposer ce qui se vit de l'intérieur et comment le futur se dessine. Perspective plus large que celle offerte par la conscience éveillée.

Une participante aux ateliers d'exploration a partagé ce rêve et les événements qui ont suivi. Elle raconte :

---

110. T. Janssen, *Le travail d'une vie. Quand psychologie et spiritualité donnent un sens à l'existence,* Paris, Éditions Robert Laffont S.A. (Collection Marabout), 2001 p. 240 et 241.

> « J'ouvre des portes, de nombreuses portes, et je découvre plein de choses. Je dis à ma patronne qui est là : *Il faudrait que tu me passes tes souliers.* Ce que fait ma patronne. »

Le lendemain, sur les lieux du travail, la rêveuse, à l'aise avec sa supérieure, lui raconte son rêve. Quelques heures plus tard, les autorités rencontrent cette dernière à qui elles donnent congé de l'entreprise et invitent la rêveuse à prendre la relève. Ces deux femmes sont sans mot! N'ayant absolument pas vu venir la situation, le rêve qu'elles viennent de partager s'impose avec force à leur mémoire. Cette décision de l'entreprise s'est, plus tard, avérée heureuse tant pour la rêveuse que pour la gestionnaire. La première dit avoir beaucoup appris de cette expérience, tandis que la seconde, une fois le choc passé, a pu mieux s'épanouir dans un nouveau milieu.

Voici un rêve personnel fait la nuit précédant la décision de prendre ma retraite de la fonction publique. Il est survenu après m'être endormie sur la question : *Est-ce pertinent de m'engager pour une date de départ à la retraite?* Ce questionnement faisait l'objet d'une grande hésitation, j'étais encore passionnée par mon travail.

> « Je marche dans un large et beau couloir, en compagnie d'une secrétaire. C'est très clair, mais la lumière est artificielle, sans fenêtre sur l'extérieur. Il est plutôt agréable d'avancer, jusqu'au moment où nous arrivons au bout de ce couloir et devons tourner à 90 degrés pour faire face à un mur complètement fermé. Étonnée, je lui dis : *Nous sommes dans un cul-de-sac,* ce qu'elle me confirme. Je suis étonnée à la fin de ce rêve. »

Le rêve comme tel pouvait répondre à ma préoccupation de la veille, mais il est devenu beaucoup plus significatif quand j'ai retrouvé les mots clés griffonnés sur mon bloc-notes, en pleine nuit, pour me le rappeler au matin : *cul de SAAQ*. J'étais alors une employée de la Société de l'Assurance Automobile du Québec

(SAAQ). Le rêve m'annonçait que le futur pour moi dans cette organisation ne me mènerait nulle part et qu'il était temps d'envisager autre chose pour me réaliser. La réponse était claire!

ÉTABLIR DES PASSERELLES AVEC DES ÉVÉNEMENTS QUI SE PRODUISENT SIMULTANÉMENT

Si les rêves qui défient les frontières de l'espace pour traiter d'événements, se produisant simultanément, soulèvent le scepticisme de certains scientifiques, pour Jung ils ne font pas de doute. Pour illustrer que temps et espace n'existent pas dans le rêve, Ryback rapporte de nombreux exemples. Entre autres, le rêve d'une jeune femme qui, à sa première année de collège, s'était liée d'amitié avec une fille de son âge. Cette jeune fille arrivait de Salt Lake City dans l'Utah pour habiter chez une de ses tantes à Hawaï, ses parents étant restés dans l'Utah. La jeune femme fit un rêve très impressionnant au sujet du père de sa nouvelle amie :

> « Dans le rêve, il pilotait un petit avion qui se mettait à perdre de l'altitude et se fracassait contre une colline peu élevée et arrondie. Le pilote était tué. Je vois encore le verre des vitres de l'avion se briser, juste avant qu'il ne perde conscience. »

Pour la rêveuse, ce rêve était particulièrement étrange puisqu'elle n'avait jamais échangé avec cette amie à propos de son père, qu'elle ne connaissait pas et dont la situation familiale lui était également inconnue. De surcroît, elle ne se souvenait généralement pas de ses rêves, se considérant comme quelqu'un qui ne rêve pas. Elle ajoute: « *[c]e rêve était* ***particulièrement*** *impressionnant et, pour une raison que je ne connaissais pas très bien, bouleversant* ». Le lendemain, son amie lui confia qu'elle venait d'apprendre la mort de son père, tué dans l'écrasement de son petit avion contre le flanc d'une colline[111].

111. *Ibid.*, p. 71.

La littérature regorge d'exemples de rêves télépathiques, où il y a transmission de la pensée entre le rêveur et une autre personne. Dans de nombreux cas, il s'agit de contacts avec des personnes décédées. Si rêver de ces dernières n'est pas exceptionnel, ces rêves se démarquent par une sensation de réel et une intensité émotionnelle qui ne trompent pas. Ils créent un sentiment de certitude au réveil. L'exemple suivant est un véritable cadeau que je partage avec vous, témoignage d'une participante à ma première conférence sur le rêve il y a quelques années. Cadeau, parce que cette femme de nature plutôt timide a eu le courage de raconter spontanément son rêve qui témoigne de l'authenticité d'une communication télépathique qu'elle a eue avec son père, décédé depuis de nombreuses années. Communication qui a, en quelque sorte, permis de sauver la vie de quelqu'un d'autre. La rêveuse raconte :

> « Je suis avec d'autres personnes et j'assiste à une activité qui est floue dans ce rêve. Mon père est dans un coin de la scène et me demande de téléphoner à un numéro qu'il me dicte. Je suis indifférente à ce qu'il me demande et je poursuis mon activité. Il revient à la charge en me rappelant le numéro de téléphone. Voyant que je ne m'y arrête pas, il m'interpelle à nouveau, par mon prénom cette fois, et me dit avec insistance qu'il sait que je ne téléphonerai pas, mais qu'il faut que je le fasse, répétant le numéro pour être sûr que je le retienne. Indifférente, dans le rêve, je suis secouée au réveil. »

Le matin suivant, troublée par ce rêve et par l'insistance de son père, la rêveuse profite du moment de la pause pour le partager avec ses collègues. La réaction ne se fait pas attendre : il n'y a pas de risque à composer ce numéro dont elle se souvient parfaitement. De retour chez elle, consultant son carnet téléphonique, elle réalise que ce numéro est celui d'une personne à qui elle parle à l'occasion. Poussée par la force du rêve, elle décide de la contacter bien qu'il n'y ait pas d'autre raison de le faire cette journée-là. Après avoir échangé quelques formalités, elle explique le véritable motif de son appel et raconte son rêve, prenant soin de vérifier avec son interlocutrice que tout va bien, ce à quoi cette dernière répond par l'affirmative avant de mettre fin à la conversation. Quelques minutes plus tard, l'interlocutrice rappelle la rêveuse pour lui dire que, en réalité, ça ne va pas du tout. Son conjoint souffre d'une atteinte neurologique que les médecins ne parviennent pas à soulager et il a tenté à plusieurs reprises de s'enlever la vie. Sur-le-champ, la rêveuse lui donne les coordonnées d'un nouveau médecin spécialiste de la région, dont elle a entendu parler, au cas où il pourrait faire quelque chose pour son conjoint. Quelques semaines plus tard, la rêveuse a reçu un appel de cette femme bouleversée et heureuse, ce médecin ayant pu mettre un terme aux souffrances intolérables de son conjoint et, par conséquent, à son désir de s'enlever la vie.

Ne vous est-il jamais arrivé de dire à une personne que vous vous êtes réveillé en pensant à elle et qu'elle réplique : *Curieux, j'ai rêvé à toi cette nuit!*

Inspirer et développer sa créativité

Nuit après nuit, le rêve témoigne, pour chacun de nous, d'un potentiel de créativité extraordinaire, tant sur la scène virtuelle que pour inspirer la conscience éveillée. Paradoxalement, Thomas Edison, qui associait le sommeil à une perte de temps, y puisa l'idée de l'ampoule électrique.

Parler de ses rêves n'est pas habituel dans notre société. Il persiste une gêne à les identifier comme source d'inspiration. Le Dr Dement rapporte le cas du champion de golf Jack Nicklaus, qui a puisé dans le rêve la stratégie qu'il lui fallait pour améliorer son score. C'est avec réserve que Nicklaus dévoila l'origine de cette inspiration pour expliquer un retour soudain de ses capacités. Avant que ce rêve ne lui suggère une nouvelle façon de tenir son club pour améliorer son score, il en était venu à se dire que 76 était plutôt bon. Il dit avoir rêvé de son *swing* :

> « Je frappais mes balles dans ce rêve et j'ai brusquement réalisé que je ne tenais pas mon club comme je le tenais ces

derniers temps. [—] Alors en arrivant sur le court, hier matin, j'ai essayé la même technique et ça a marché. J'ai fait 68 hier et 65 aujourd'hui. [—] Il suffisait que je change un petit peu mon *grip* sur le club[112]. »

On trouve également, dans la littérature, le cas célèbre de Friedrich August Kekulé, chercheur du XIXe siècle. Il avoua à ses collègues, bien des années plus tard, avoir reçu en rêve l'inspiration pour comprendre la formule exacte de la structure moléculaire du benzène, découverte qui ouvrait la voie à la chimie organique. C'est en 1890, lors d'une fête en son honneur, qu'il expliqua comment, par des révélations indiscrètes de son for intérieur, il trouva certaines de ses idées. Il suggéra à ses collègues : « *[a]pprenons à rêver, gentlemen, et peut-être trouverons-nous la vérité... mais ayons la prudence de ne pas faire connaître nos rêves avant qu'ils ne soient examinés par notre esprit éveillé*[113] ».

Ce rêve de Kekulé vient appuyer l'importance de considérer pour soi la valeur symbolique des images. L'idée qui a fait progresser sa réflexion était symbolisée par un serpent qui se mordait la queue. Cette image évoquait plus précisément, pour lui, une structure circulaire plutôt que linéaire à laquelle il se butait, n'arrivant pas à compléter sa démarche de recherche. Il va de soi que cette image s'adressait particulièrement à lui et à son contexte, une autre personne y aurait trouvé un autre sens. Le symbole du serpent appartient également aux archétypes définis dans la littérature[114]. Ici, s'appuyant sur son expérience personnelle, le rêveur a pu faire ses propres liens, ceux qui avaient un sens pour lui.

Tant pour Nicklaus que Kekulé, le malaise à dévoiler le rêve comme source d'inspiration suggère que d'autres personnes, inspirées à la même source, ne l'ont probablement jamais divulgué.

---

112. Dement et Vaughan, *op. cit.*, p. 316 et 317.
113. Delaney, *op. cit.*, p. 273.
114. Von Franz, *op. cit.*, p. 77-79.

Ces rêves illustrent également comment la créativité onirique peut se manifester, soit par une élaboration se rapprochant de la réalité comme ce fut le cas pour Nicklaus, soit par un symbole évocateur d'une idée sous-jacente, plus développée, comme ce fut le cas pour Kekulé. La capacité du cerveau à inventer des scènes originales et sans cesse renouvelées n'a pas de limites. Les seules qui lui soient imposées sont celles que la pensée rationnelle lui impose.

Combien de fois, à la sortie de la nuit, ne sommes-nous pas inspirés pour un nouveau projet? La littérature ne tarit pas d'exemples à cet effet : le peintre qui y voit sa toile avant de la reproduire (Salvador Dali), le romancier qui y puise la trame de son histoire avant de l'écrire (Anne Robillard, Stephen King), le musicien qui entend sa mélodie avant de la composer (Mozart, les Beatles), etc. L'espace-temps d'Einstein, l'ordinateur de John Von Neumann, la structure de l'atome de Niels Bohr, les lois de l'hérédité de Mendel, et bien d'autres inventions ont pris leur source dans des scènes oniriques[115]. Même en l'absence de souvenirs, le rêve stimule la créativité. Pour Jouvet, si l'homme n'avait pas rêvé ce qu'il a rêvé, il n'aurait pas inventé tout ce qu'il a inventé.

Voici un exemple personnel d'une inspiration venue en rêve, après avoir exprimé le souhait, avant de m'endormir, de trouver une idée pour un article à écrire sur le sujet. Ma question était *Comment est-ce que je peux définir succinctement et simplement ce qu'est le rêve sans passer par un discours trop théorique et ennuyeux?* J'ai fait le rêve suivant :

> « Je suis avec une ancienne collègue de travail qui s'interroge sur le rêve. J'essaie vainement de lui expliquer ce qu'il est quand soudainement j'ai entre les mains un numéro du magazine *Actualité* contenant trois résumés d'articles. Je lève la tête et je fais face à une grande vitrine exposant ces trois résumés. À la hauteur de mes yeux, dans l'un d'eux est écrit textuellement ce que je lis à voix haute : « **le rêve raconte l'histoire de**

115. Fluchaire, *op. cit.*, p. 35

mon histoire ». Excitée, je pointe le texte en disant à ma collègue : *C'est exactement ça!* Elle réplique d'un ton enthousiaste : *Si j'avais su que le rêve me parlait de moi et non des autres, je m'y serais intéressée bien avant!* »

Je dois dire qu'au réveil je me trouvais bien servie et ravie de la simplicité, de la concision et de la justesse de l'énoncé. C'est vraiment l'affaire de tous d'être inspiré en rêve!

Participer à l'expansion de soi

Si tous les rêves servent à nous mettre en contact avec notre essence profonde, ce n'est pas avec la même intensité et la même portée qu'ils le font. Certains nous interpellent davantage quant à notre plan de vie, notre mission personnelle, etc., en résonance avec ce qui vibre plus profondément en nous. Ils nous recentrent sur l'intention de départ, la motivation qui sous-tend nos actions, pour nous maintenir sur la bonne voie, en harmonie avec ce que nous sommes.

En ouvrant sur un état de conscience supérieur, les rêves de nature plus spirituelle donnent accès à la globalité de l'être et le transforment. Pour paraphraser Pema Chödrön, il ne s'agit pas de changements spectaculaires résultant d'une lutte acharnée contre quelque chose, mais bien d'un changement plus subtil, en douceur, émanant de notre essence profonde[116]. Souvent présents dans des périodes de transition, ces rêves servent de phare. En nous remettant en contact avec notre énergie vitale, ils créent une sensation de bien-être au réveil, sensation accompagnée de la certitude que nous ne sommes pas seuls, qu'une sagesse plus grande émane de nous. S'adressant à la profondeur de l'âme, ces rêves sont souvent difficiles à raconter, n'ayant pas d'équivalent dans la réalité. Ils donnent l'impression de se briser, de s'effilocher et de perdre de leur éclat

---

116. P. Chödrön, *Sur le chemin de la transformation*, Paris, Éditions La Table Ronde, 2003, p. 67 et 68.

lorsqu'on tente de les décrire. Ils peuvent se résumer à des sensations visuelles, tactiles, auditives ou autres.

Voici le rêve très réconfortant d'une femme qui avait le sentiment, dans sa vie éveillée, de ne pas voir le bout du tunnel, préoccupée par une situation conflictuelle qui lui semblait interminable. Elle avait la nette impression d'avoir fait tout ce qu'elle pouvait pour se sortir de cette impasse et le doute s'installait sur l'efficacité de ses actions. Une nuit, elle fit le rêve suivant :

> « Je suis face à une femme sur le sable dans un désert. Debout devant moi, elle me fixe du regard. Elle est vêtue de voiles gris, un peu lourds, avec un visage tombant dont les traits sont difficilement perceptibles. Tout à coup, la brise se soulève, faisant onduler ses vêtements pour les transformer en voiles légers, souples, aux couleurs de l'arc-en-ciel. En trame de fond, la lumière du soleil s'intensifie autour d'elle; c'est la métamorphose, son visage s'illumine, prend une belle teinte rosée et une expression souriante. Elle est transformée et se sent merveilleusement bien. Je me sens bien aussi. »

Ce rêve, difficile à décrire par la rêveuse pour en traduire toute l'intensité, a eu pour elle un effet très apaisant et extrêmement revitalisant. Au réveil, elle a eu la certitude d'être sur le point de sortir de ce bourbier qui lui semblait éternel et lui avait probablement permis, malgré les apparences, d'explorer une force plus grande en elle, enfouie dans la profondeur de son être. Pour elle, ce rêve, dont le sens émergeait avec force, en était un de transformation où se profilait un mieux-être. Il était source d'une motivation extraordinaire pour poursuivre sa route.

Voie d'accès au sens de sa vie, au sens des événements tant heureux que malheureux qui la composent, ces rêves contribuent à libérer en nous l'énergie nécessaire pour vivre ce que la vie nous présente. Plus rares, ils dépassent souvent les symboles personnels pour intégrer des figures archétypales appartenant à l'inconscient collectif. Figures qui peuvent prendre, rappelons-le, la forme de grands maîtres, de grands sages ou, au contraire, de démons ou de monstres. Dans le premier cas, ils nous invitent à poursuivre sur la voie dans laquelle nous sommes engagés. Dans le second, ils nous indiquent que des ajustements s'imposent, la voie empruntée s'écartant de notre mission.

L'INCUBATION ET LES POSTULATS DE RÊVE

Au cours de l'histoire, 5000 ans avant notre ère, de nombreux peuples ont utilisé l'incubation de rêves pour les diriger[117]. Dans l'Égypte ancienne, ce rituel se faisait dans des lieux de culte réservés à cette fin. Aujourd'hui, il est reconnu que chacun peut trouver ses réponses, être incubateur de ses rêves, en se prêtant à un exercice beaucoup plus simple et accessible. Il s'agit de se tourner vers l'intérieur, de se détendre avant de se laisser glisser dans le sommeil, de s'imprégner d'un sujet et de s'ouvrir à voir les choses autrement afin d'accueillir ce qui viendra. S'imprégner d'un sujet ne veut pas dire créer un stress envahissant et inhibiteur, mais au contraire de s'abandonner à sa sagesse intérieure pour être accompagné dans sa quête de réponses. Cet exercice correspond aux semences dont le cerveau a besoin pour élaborer ses scénarios. S'y prêter, c'est un peu comme ensemencer le sol au printemps pour récolter à l'automne. Le résultat sera en fonction du soin avec lequel on aura préparé la terre. L'inconscient à l'affût de nos besoins, il arrive que nous le fassions naturellement et que des réponses émergent spontanément au réveil.

Pour donner une orientation à ses rêves, plusieurs auteurs suggèrent de formuler un postulat par écrit, en étant le plus précis possible pour multiplier les chances d'obtenir des réponses. Personnellement, je crois l'exercice beaucoup plus efficace s'il est précédé d'une réflexion pour se recentrer et revoir ses priorités. Sinon, il risque d'être un peu superficiel, aléatoire et ne pas s'arrimer avec ses

117. Delaney, *op. cit.*, 362 p.

aspirations profondes. À l'opposé, un postulat inspiré d'un besoin ressenti, que la formulation écrite soit habile ou non, est plus susceptible d'agir sur le rêve.

En s'appuyant sur les lectures de Cayce et autres auteurs connus, Thurston formule les questions suivantes, afin d'exercer une influence suggestive sur le subconscient :

1. Dans quel domaine de ma vie est-ce que j'aurais besoin d'obtenir des réponses à une difficulté quelconque?
2. Qu'aimerais-je savoir exactement? (Soyez le plus précis possible.)
3. En toute honnêteté, est-il avantageux pour moi, de quelque manière que ce soit, de ne pas résoudre cette difficulté? (Qu'il s'agisse d'obtenir de la sympathie, des avantages financiers ou des excuses…)
4. Quels renseignements ai-je déjà recueillis en réponse à la question posée? (Dressez une liste des éléments de réponse ou des pièces du casse-tête dont vous disposez déjà.)
5. Avant de m'endormir et de rêver, quelle est la meilleure réponse que je pourrais donner, en toute lucidité, à la question posée? (Peut-être avez-vous l'impression que votre tentative de réponse n'est ni très sage ni très pertinente, mais faites de votre mieux.)
6. Quelle est la question à laquelle je désire une réponse? (Écrivez une courte suggestion ou une courte formulation de la question, sur laquelle vous pourrez vous concentrer en vous laissant glisser dans le sommeil[118].)

---

118. Thurston, *op. cit.*, p. 183 et 184.

Ces questions illustrent bien comment la réflexion qui précède l'endormissement s'enregistre au niveau de l'inconscient qui s'exprimera pendant le sommeil de rêves.

J'ai eu une collègue, chercheuse, qui avait la spontanéité de partager avec moi certains de ses rêves, me sachant intéressée par le sujet. Elle me confia que, depuis l'enfance, avant de s'endormir, elle s'amusait à choisir ses rêves. Elle procédait comme si elle choisissait, sur une pellicule de film, la scène à laquelle elle souhaitait rêver, et ça marchait! Cette femme qui avait toute la rigueur de sa formation scientifique ne s'est jamais demandé de quoi il s'agissait, et n'a jamais nommé *incubation* cette pratique. Pour elle, cette activité était tout à fait naturelle, elle le faisait par réflexe. Cette capacité existe en chacun de nous, il s'agit de l'activer.

Voici l'exemple d'une demande personnelle qui a trouvé réponse au cours de la nuit suivante. Alors que je me préparais à donner ma première conférence sur le rêve, j'étais un peu agacée de ne pas pouvoir utiliser l'équipement technique, comme c'était le cas pendant ma carrière professionnelle. Une amie m'avait généreusement offert de me prêter le sien, mais devant les difficultés que cela posait pour elle, je remettais en question la pertinence d'accepter son offre, me disant que l'essentiel de la présentation résidait dans le contenu et non dans le format de la présentation.

J'ai donc formulé la demande suivante : « *Cette nuit, mon rêve me dit si je dois utiliser l'équipement électronique pour faire ma présentation.* » Voici le rêve que j'ai fait et intitulé *Autobus jaune* :

> « Je voyage dans un autobus scolaire jaune, très long. Mon conjoint conduit. La route est sinueuse avec des virages serrés. C'est extrêmement difficile d'avancer. Nous nous rendons assister à un exposé. Je me sens très inconfortable. »

Sans procéder avec la démarche d'exploration qui sera présentée au chapitre 5, il est relativement facile de déduire qu'il s'agit d'une personne dont l'équipement est trop encombrant pour se rendre où elle veut. L'autobus conduit par quelqu'un d'autre indique que je ne suis pas en contrôle, et le fait que ce soit un transport scolaire établit assez clairement le lien avec l'endroit prévu pour ma présentation qui était une école.

Voici quelques exemples de formulations de postulats :

- cette nuit, mon rêve m'indique si je fais bien de m'engager dans ce projet;
- cette nuit, mon rêve m'inspire des idées novatrices pour la présentation d'un produit;
- cette nuit, mon rêve m'aide à lâcher prise par rapport à telle situation;
- cette nuit, je vois clairement les conséquences de ma décision.

En s'appuyant sur une réflexion préalable, il s'agit d'en faire l'expérience, de persévérer un peu pour constater à quel point le scepticisme, souvent présent au départ, fera place à l'émerveillement.

L'expérience permet de constater une variation des temps de réponse, allant de la nuit suivante à quelques jours. Le rêve peut adresser au rêveur un message d'une importance plus grande s'il juge à propos de le faire, étant en lien avec la globalité de l'être, plus que ne l'est la conscience éveillée. C'est donc dire qu'il est possible que d'autres rêves occupent la scène parce qu'un besoin inconnu du rêveur doit être traité en priorité, et que la réponse diffère de quelques jours.

Qu'il s'agisse du langage ou des fonctions du rêve, pour développer une aisance, il faut expérimenter : c'est la voie la plus prometteuse pour s'y retrouver et en profiter pleinement.

DEUXIÈME PARTIE

« SE SOUVENIR »

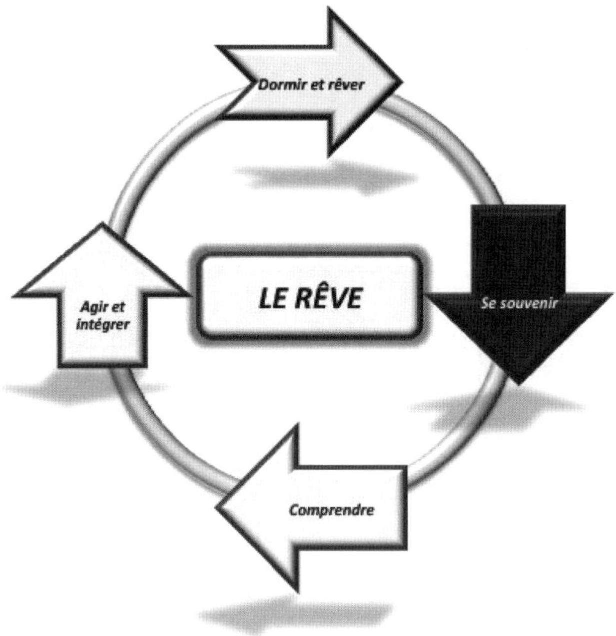

CHAPITRE 4

Se souvenir

> *« Le sommeil est le lieu naturel du rêve, mais ce que nous appelons un rêve n'est en fait qu'une pâle copie de l'original du rêve. »*
>
> MONTAGUE ULLMAN ET NAN ZIMMERMAN

Sur le continuum qui progresse du rêve à l'intégration de l'information qu'il nous a transmise, avant de l'explorer pour le comprendre, une première étape s'impose : s'en souvenir.

LE RAPPEL DU RÊVE

Le rêve agit de manière autonome, qu'on s'en souvienne ou non. C'est dire qu'en dehors de la volonté du rêveur, il contribue aux fonctions décrites au chapitre précédent. Bien qu'il en soit ainsi, la conscience éveillée doit enregistrer le souvenir du rêve pour pouvoir y réfléchir, nourrir son introspection et s'y référer à volonté, afin d'orienter ses actions en conformité avec ses aspirations profondes. Cette étape facilite la mise en conscience de ce que le rêve cherche à lui révéler.

Quoique tout le monde rêve, il appert que 80 % des rêveurs s'en souviennent, alors que 20 % croient ne pas rêver[119]. Si le sommeil paradoxal agit sur la mémoire des acquis pour les inscrire dans le patrimoine individuel à long terme, en contrepartie, la mémoire des scènes qui s'y déroulent est très volatile[120]. Le souvenir se résume souvent à de vagues impressions au réveil, images floues et fugaces qui s'évaporent rapidement dès que s'imposent les pensées de la conscience éveillée. Pour Ullman, ce que nous appelons le rêve n'est en réalité qu'un pâle reflet de la version originale. Comme un poisson qu'on sort de la mer, « *nous ne pouvons pas nous attendre à le voir, à le sentir et à comprendre son mode de vie comme s'il était encore en train de nager en liberté, mais nous pouvons apprendre sur lui un certain nombre de choses avant qu'il ne meure* ». Puisque le souvenir du rêve s'évanouit rapidement après le réveil, s'il n'y a pas d'action concrète pour les fixer en mémoire, la période de temps où il peut nous enseigner quelque chose est brève[121]. C'est sans compter qu'il est exposé au scepticisme du rêveur, qui relègue rapidement aux oubliettes ces bribes décousues et insipides à sa pensée rationnelle. Seule une faible proportion de rêves se fixe naturellement en mémoire, généralement caractérisée par des émotions de plus grande intensité.

L'inconscient, que Fluchaire suggère d'appeler *océâme* pour en traduire toute l'immensité, a une capacité décuplée à traiter plusieurs dimensions simultanément, à créer des liens en dehors des contraintes de temps, d'espace, et des normes sociales qui prévalent le jour[122]. Pas étonnant que ce qui en reste au matin corresponde à une infime partie de ce qui s'est joué sur la scène onirique.

---

119. Jouvet, *Le sommeil et le rêve, op. cit.*, p. 37.
120. Dang-Vu et all. *« Dreaming : A Neuroimaging View », op. cit.*, (consulté le 20 octobre 2010).
121. Ullman et Zimmerman, *op. cit.*, p. 73.
122. Fluchaire, *op. cit.*, p. 104

Pourquoi donc une fonction si importante chez l'homme laisserait-elle à la mémoire des traces aussi délébiles, aussi sensibles au passage du temps? Il y a consensus des experts quant à l'effet protecteur de la fugacité de ces souvenirs. Inscrits en mémoire avec la même importance et la même précision que les événements de jour, ils auraient tôt fait de submerger la pensée rationnelle indispensable à la vie consciente[123] [124]. Pour Ullman et Zimmerman, un rêve dont on se souvient est une invitation à s'y intéresser, à s'en servir pour travailler un aspect plus particulier de soi. Jeremy Taylor, théologien et prédicateur anglican, intervient avec le rêve depuis de nombreuses années. S'appuyant sur la perspective jungienne, il explique que ce qui en reste au réveil dévoile généralement une information dont le rêveur a le potentiel de se servir pour affronter les problèmes de la vie courante. C'est dire que plus les émotions sont fortes, plus il laisse des traces et plus le rêveur a en lui la créativité nécessaire pour amorcer le processus de transformation auquel il est convié[125].

Pour Marie-Lise Labonté et Nicolas Bornemisza, une image intérieure doit se frayer un passage de l'inconscient vers la conscience pour être entendue. Ainsi elle sera reconnue et accueillie[126]. Apprendre à se souvenir de ses rêves, c'est dégager la voie à cette voix de l'âme trop souvent étouffée par la vie trépidante qui accapare tout l'espace. Si le jeune enfant y parvient plus naturellement, devenu adulte, il est possible d'y arriver en adoptant une attitude et des stratégies favorables.

---

123. S. Schwartz, T.T. Dang-Vu, A, Ponz, S. Duhoux, P. Maquet, *« Dreaming : A Neuropsychological View »*, Geneva University Medical Center & University Hospital, Liège University & CHU, (août 2005), p. 426-439., [http://labnic.unige.ch/papers/Schwartz_etal_SANP2005.pdf] (consulté le 20 octobre 2010).

124. Ullman et Zimmerman, *op. cit.*, 1979, p. 82.

125. J. Taylor, « *Three Questions Regarding Doing Group Dreamwork* », 2004, [www.jeremytaylor.com] (consulté le 7 février 2011).

126. M.-L. Labonté, N. Bornemisza, *Se guérir grâce à ses images intérieures,* Montréal, Éditions de l'Homme, 2006, 266 p.

L'attitude favorable à la capacité de se souvenir

L'attitude joue un rôle déterminant sur la capacité à se souvenir de ses rêves. Reconnaître le rêve comme une fonction intrinsèque, lui accorder une valeur et vouloir s'en servir, et finalement faire confiance en sa capacité de se souvenir créent un contexte favorable.

RECONNAÎTRE LE RÊVE COMME UNE FONCTION INTRINSÈQUE

Le sommeil paradoxal, pendant lequel se produisent la plupart des rêves dont on se souvient, s'inscrit naturellement dans nos rythmes biologiques, et plus spécifiquement dans les cycles du sommeil. Plutôt que de dire « *je ne rêve pas* », il conviendrait mieux de dire « *je ne me souviens pas de mes rêves* ». Cette reconnaissance ouvre une première porte sur la capacité de s'en souvenir.

ACCORDER UNE VALEUR AU RÊVE ET VOULOIR S'EN SERVIR

Pour celui qui ne voit dans le rêve que des scénarios insignifiants, en cultiver le souvenir correspond à une perte de temps. À l'inverse, lui accorder une certaine crédibilité et lui reconnaître une capacité de contact avec sa nature profonde créent une ouverture. De bribes éparses au début, la mémoire évoluera vers le rappel de scènes plus élaborées.

AVOIR CONFIANCE EN SA CAPACITÉ DE SE SOUVENIR

Cette confiance s'acquiert progressivement, dissipant le doute souvent présent au départ. Il est normal que ce soit plus laborieux au début, en raison de l'originalité de ces images étrangères à notre façon habituelle de nous représenter les situations. McTaggart dans *L'univers informé* rapporte les propos de William Braud, psychologue et professeur à l'université de Houston au Texas, qui s'intéresse aux propriétés remarquables du cerveau humain ainsi qu'au pouvoir de la pensée. Parmi les conditions qu'il considère pour réaliser ses expériences, certaines sont également applicables au souvenir du rêve. Il faut y croire et être capable de se détendre en réduisant les stimuli sensoriels et physiques pour y parvenir. Avec d'autres, Braud découvrit que le résultat est plus prometteur si on y croit et moins si on n'y croit pas. C'est ce qu'ils ont appelé l'effet *mouton-chèvre*[127].

Avec un peu d'entraînement, le rappel de scènes de rêves d'abord basé sur une profession de foi s'avère rapidement une conviction fondée sur l'expérience personnelle.

Des stratégies pour se souvenir

L'exercice correspond la plupart du temps à une reconstitution de la trame d'un scénario. C'est un peu comme si l'on faisait un casse-tête à partir de morceaux épars et mal équarris, dont le contour s'estompait à mesure que s'écoulait le temps. Il faut s'y investir pour aiguiser cette faculté négligée, au fil du temps, par la banalisation de l'activité onirique et de son utilité. Les quelques stratégies proposées ci-dessous, pour faciliter le souvenir du rêve, s'appliquent à trois moments distincts, soit avant de s'endormir, pendant la nuit, et au premier réveil du matin. Elles servent à rappeler le souvenir du rêve à court terme, avant de l'écrire pour en conserver la mémoire à plus long terme.

La veille, avant de s'endormir

Ce moment permet déjà de mettre en place certaines conditions favorables au souvenir du rêve. Certaines habitudes, comme se dire qu'au matin on se souviendra, déposer un objet de rappel sur sa table de chevet, focaliser sur ce qui nous habite plus profondément,

---

127.McTaggart, *op. cit.*, p. 157.

lire sur le rêve ou dans son journal de rêves et, finalement, s'abandonner au sommeil, peuvent contribuer à en faciliter le souvenir.

- *Se dire qu'au matin on se souviendra*

Il s'agit de se coucher avec le désir et la conviction d'y parvenir au réveil, de s'imaginer en train de rêver et d'écrire ce qui en est retenu au matin. Il s'agit d'un conditionnement, d'une programmation comparable à celle que l'on fait occasionnellement pour se réveiller naturellement et plus tôt le matin suivant.

- *Déposer un objet de rappel sur sa table de chevet*

Peu importe qu'il s'agisse d'un crayon papier, d'un verre d'eau, d'un capteur de rêves ou autres, ce geste, exécuté avec l'intention de se souvenir, peut faciliter le rappel du rêve. La vue de cet objet au réveil fait penser à explorer dans sa mémoire les scènes de la nuit. Pour plusieurs auteurs, cette simple pratique peut contribuer à créer la passerelle conscient-inconscient nécessaire pour y parvenir.

- *Focaliser sur ce qui nous habite plus profondément*

Il s'agit, au moment de l'endormissement, de porter notre attention sur ce que nous souhaiterions changer, comprendre, etc., pour ouvrir sur l'inconscient tel que nous l'avons vu pour l'incubation. L'exercice peut s'accompagner de l'écriture, dans son journal de rêves ou son journal intime, de quelques notes pour résumer les principaux événements de la journée, des sentiments qui s'y rattachent et de la formulation d'un postulat de rêve. Il ne s'agit pas de créer un stress en voulant tout régler, mais bien plus de se détendre et d'évoquer ce qu'on aimerait voir se réaliser dans une perspective de développement personnel. Robert P. Gongloff insiste sur cette façon de cultiver le souvenir des rêves. Partant de son expérience clinique, il témoigne d'une amélioration significative de cette capacité chez les personnes qui ont développé l'habitude d'écrire des réflexions dans leur journal avant de se laisser glisser dans le sommeil[128].

- *Lire sur le rêve ou encore dans son journal de rêves*

Lire de l'information générale sur le sujet ou, plus spécifiquement, relire ses rêves des jours précédents pour se rapprocher davantage de ce qui se vit à l'intérieur, crée aussi un contexte favorable à la mémoire du rêve.

- *S'abandonner au sommeil*

Pour rêver et se souvenir, il faut d'abord s'abandonner au sommeil et bien dormir. Nous avons vu au chapitre précédent que le sommeil lent est précurseur du sommeil paradoxal (SP), puisqu'il bâtit la réserve d'énergie dont ce dernier a besoin. Si, pour toutes sortes de raisons, la qualité et la quantité de sommeil lent, principalement le sommeil profond, sont affectées, le SP risque d'être compromis. La production diminuée de scénarios de rêve qui en résultera entraînera dans son sillage l'absence de souvenirs.

Pendant la nuit, lors des micros réveils

Les brefs réveils de la nuit, où déjà des souvenirs de rêves peuvent être présents à l'esprit, peuvent servir à saisir les mots-clés qui se présentent spontanément, ou encore à enregistrer ce qui remonte à la mémoire sur une bande sonore.

- *Saisir les mots-clés sur une feuille à portée de la main*

Les mots-clés correspondent à un ou des éléments marquants du rêve susceptibles d'en déclencher le souvenir plus élaboré et, le moment venu, de se le remémorer et de l'écrire. Ils peuvent se rapporter à un sentiment, une situation, un personnage ou autre. Une couleur ou une forme peuvent également servir de clés si elles émergent instinctivement du rêve. Il s'agit de saisir ce qui vient spontanément à l'esprit encore endormi et habité du rêve, et non ce

---

128. R. P. Gongloff, *Dream Exploration,* Woodbury, Llewellyn Publications, 2006, p. 53.

qui résulte d'une réflexion issue de la pensée rationnelle. Par exemple : chute, poursuite, lumière aveuglante, personnage transparent, papillon géant, tsunami, vol magnifique, barrière, noirceur, etc.

Les mots-clés ont pour but le rappel du rêve et non d'en faire un résumé. Un effort de synthèse à cette étape-ci peut éloigner de son essence, de ce qui lui donne une couleur particulière, contrairement aux mots-clés qui émergent plus spontanément à l'esprit. Ces derniers préviennent également une activité mentale trop élaborée et risquent de prolonger l'éveil et de s'avérer néfaste au sommeil. Il va de soi que le rêve peut être écrit au complet la nuit. Cependant, si la qualité du sommeil en est affectée, mieux vaut s'en tenir aux mots-clés. À l'inverse, il arrive que le rêveur informé de l'évanescence du souvenir du rêve se le remémore mentalement et à répétition jusqu'au matin, afin d'éviter qu'il ne lui échappe. Cette stratégie peut avoir pour effet de le maintenir indûment en sommeil léger, et affecter également la qualité de son sommeil. De plus, elle est souvent mise en échec par un bref rebond de sommeil plus profond au petit matin, emportant avec lui le souvenir du rêve fébrilement conservé jusque-là. Il est préférable de s'en tenir aux mots-clés ou exceptionnellement à l'écriture complète du rêve et de replonger rapidement dans le sommeil. Il n'y a pas de règles absolues : il s'agit, pour chacun, d'évaluer ce qui lui convient le mieux.

Le bloc-notes déposé sur la table de chevet doit avoir une surface assez grande pour éviter d'en dépasser le contour en raison de l'incoordination des mouvements qui accompagnent l'éveil partiel. Il doit permettre d'écrire suffisamment gros et de pouvoir se relire au matin. De préférence rigide, il est plus facile à placer sur soi sans s'obliger à des contorsions extraordinaires pour écrire sur sa table de chevet.

Avec un peu d'entraînement, il est possible d'écrire dans le noir. Au besoin, une petite veilleuse à proximité ou encore un crayon lumineux aidera à guider la main endormie.

- *Enregistrer le souvenir du rêve à l'aide d'un petit appareil électronique*

Certaines personnes privilégient cette technique pour dicter rapidement un rêve et se rendormir. Il peut s'agir d'un magnétophone, d'un téléphone intelligent, etc. Il est ainsi possible de noter plus de détails en peu de temps, sans la dextérité manuelle requise pour l'écriture. Procéder simplement, comme on le ferait avec un dictaphone à la sortie d'une réunion.

Au réveil du matin, avant de passer à l'action

Ce moment est déterminant puisqu'il correspond à celui où plusieurs rêves peuvent resurgir à la mémoire. Se réveiller naturellement et prendre quelques minutes pour se souvenir sont des atouts. Si ces habitudes ne suffisent pas, essayez le changement de position et la révision des préoccupations de la veille. Faites la narration du rêve à voix haute ou à voix basse, ou écrivez ce qui vous vient à l'esprit au réveil. Finalement, en plus du rappel immédiat du rêve, s'il ne peut pas être écrit au complet au moment du réveil, procédez comme au cours de la nuit avec des mots-clés ou l'enregistrement pour en fixer temporairement le souvenir.

- *Se réveiller naturellement*

Puisque chacun des cycles se termine par un stade de sommeil paradoxal qui s'allonge à mesure que progresse la nuit, au moment d'un réveil spontané, à la fin d'un cycle et plus particulièrement au matin, il est plus facile de se remémorer des scènes de rêve.

- *Prendre quelques minutes pour se souvenir*

Au réveil, se donner le temps de cueillir les images, de les laisser remonter à la mémoire en douceur. Les yeux fermés, restez immobile quelques minutes pour préserver le contact avec l'intérieur, à l'abri des éléments de distraction extérieurs.

Il arrive qu'au matin, en émergeant du sommeil, on se demande à quoi on a bien pu rêver. La vue de l'objet de rappel placé sur la table de chevet peut faciliter cette prise de conscience et rappeler au rêveur son intention de se souvenir. Ce court moment, à mi-chemin entre l'état de conscience de l'éveil et celui du rêve dont nous sortons, est bref et particulièrement favorable à l'émergence de souvenirs. Des images, des bribes de rêves reviennent progressivement à la conscience éveillée. Vagues au départ, elles se précisent à la manière des images visées avec des lunettes de rapprochement. Les scènes reviennent une à une, en chronologie inversée pour évoluer du rêve le plus récent à ceux qui ont précédé.

- *Essayer le changement de position*

Après être resté immobile quelques instants, changer de position peut parfois faire remonter un souvenir de rêve. En raison de la mémoire cellulaire qui l'accompagne, reprendre la position corporelle du moment où il s'est produit peut parfois en réactiver le souvenir. Cette stratégie s'apparente aux éléments déclencheurs de souvenirs plus tard dans la journée : une phrase, la vue d'un objet ou d'une personne, un mouvement, etc.

- *Réviser les préoccupations de la veille*

Après avoir tenté vainement de capter des souvenirs de rêves, il arrive qu'un bref retour sur ce qui préoccupait ou occupait l'esprit la veille soit plus efficace. Il s'agit de se demander *À quoi est-ce que je pensais avant de me laisser glisser dans le sommeil? Qu'est-ce qui m'habitait particulièrement le soir ou les jours précédents?*

- *Faire la narration du rêve à voix haute ou à voix basse*

Pour Nathan, raconter son rêve à voix haute, c'est le faire naître au monde sonore. C'est le rééditer et le rêver à nouveau. Le décrire permet de le délier, de le déployer et de le fixer davantage[129]. Ce faisant, la mémoire est stimulée et c'est comme si l'histoire se complétait un peu plus. À défaut de pouvoir le raconter à voix haute, le faire à voix basse, même si on ne s'entend pas, contribue à le revoir mentalement pour éviter qu'il ne s'échappe trop rapidement.

- *Noter dans son journal ce qui vient à l'esprit au réveil*

En l'absence de souvenirs, notez dans votre journal ce qui habite votre esprit au réveil : les premières impressions, les premières pensées ou les premiers sentiments. Cet exercice favorise l'écoute intérieure et la mémoire de scènes de rêves, comme la narration à voix haute ou à voix basse, permettant de rattraper des bribes, parfois des scènes plus élaborées ou encore quelques rêves. Si l'exercice semble plus ou moins efficace au début, rapidement il y aura plus d'informations à consigner.

Lors des ateliers d'exploration, il est toujours impressionnant d'observer l'effet de l'écriture sur la mémoire du rêve. La personne qui n'a pas l'habitude de consigner ses rêves par écrit est souvent étonnée de découvrir comment l'écriture d'une scène, parfois très concise, peut faire émerger une avalanche de détails et ouvrir sur une vue plus globale du rêve.

- *Se servir des mots-clés quand le rêve ne peut pas être écrit complètement*

S'ils sont utiles la nuit, les mots-clés doivent être utilisés avec réserve le matin au réveil. Plus le temps passe, plus leur capacité de rétention de souvenirs détaillés du rêve s'estompe. Exceptionnellement, si les émotions qui l'accompagnent sont intenses, ils contribueront à en préserver la mémoire plus longtemps. Mais il ne faut pas trop s'y fier, il faut plutôt retenir qu'une infime proportion de rêves résiste au passage du temps.

Retenir qu'à l'exception de l'enregistrement sur une bande sonore, ces stratégies permettent d'éveiller le souvenir du rêve à

---

129. Nathan, *op. cit.*, p. 121.

court terme et n'ont pas la propriété de le fixer à plus long terme. Sans les faire suivre de l'écriture du rêve, il s'estompera au fil des minutes ou des heures qui suivent. Il nous est tous arrivé de nous en remettre exclusivement à notre mémoire pour partager un rêve avec quelqu'un plus tard dans la journée. Le moment venu de le faire, seul le désir de le raconter était conservé, le rêve s'étant complètement dissipé. Il est donc indiqué de ne pas trop tarder à écrire le rêve dans sa totalité, sinon des éléments intéressants pour en saisir toute la portée se volatiliseront.

- *Une condition s'impose : persévérer!*

La volatilité du souvenir et l'originalité des mises en scène exigent un certain effort pour s'y retrouver. Si parfois des scénarios plus faciles à reconstituer reviennent à la mémoire, le plus souvent il s'agit de scènes qui se bousculent, sans rapports apparents les unes avec les autres. Il ne faut pas abdiquer pour autant, c'est ainsi que fonctionne le rêve. Même quand il en reste un blanc total, il arrive qu'on puisse rattraper une ou plusieurs scènes, voire plusieurs rêves. Pour Delaney, il ne faut pas se décourager. Si, seulement une image, un sentiment ou un fragment se fraie un passage vers la conscience éveillée, « [—] *essayez d'utiliser cet élément comme levier pour aller dénicher d'autres fragments épars. On peut ainsi parvenir à retrouver tout un rêve*[130] ».

Lors des ateliers d'exploration, lorsqu'un rêveur est invité à partager un rêve, il arrive souvent qu'il exprime en n'avoir retenu qu'une bribe insipide et sans intérêt, qu'il n'a pas jugé pertinent d'écrire. Invité à communiquer aux autres le peu qu'il en a retenu, il est rapidement étonné que d'images aussi singulières et éparses puisse émerger un sens qui résonne en lui. Sans se donner la peine d'écrire et de jongler avec ce qui en reste, d'apparence insipide

---

130. Ullman et Zimmerman, *op. cit.*, p. 83.

pour la pensée rationnelle, le message ne survit pas au temps et chemine difficilement à la conscience.

Au matin, avec un peu de persévérance, une quantité plus significative de scènes trouvera son chemin jusqu'à la mémoire, augmentant par ricochet la confiance dans sa capacité à se souvenir. Persévérer ne veut pas dire y parvenir à tout prix. Une pression trop forte peut produire l'effet contraire. Cette capacité ne relève pas de la magie. Avec les stratégies proposées, il s'agit de se faire confiance et de laisser venir. La mémoire du rêve est comparable à un muscle qu'on entraîne : plus il est sollicité, plus il répond; moins il l'est, plus il s'atrophie.

LE JOURNAL DE RÊVES

Si le rappel du rêve permet d'en cueillir le souvenir et de le fixer temporairement en mémoire, l'écriture s'impose pour le conserver à plus long terme. À partir de scènes encore en mémoire s'il en est, de mots-clés ou de scénarios saisis sur des feuilles mobiles ou enregistrés, l'écriture d'un journal de rêves s'avère de loin une stratégie très efficace pour en archiver les souvenirs et les réactiver au besoin.

Les avantages du journal de rêves

Pour le rêveur, ce journal peut se définir comme un lieu de conservation de la matière première livrée par l'inconscient la nuit, par sa sagesse intérieure pour le guider dans sa recherche, dans sa quête de sens. Plus spécifiquement, il permet de considérer le rêve avec un minimum de recul, de préparer le terrain pour le comprendre, d'en observer la récurrence, de se familiariser à son propre langage de rêves, de prendre connaissance de ceux qui débordent les frontières de l'espace et du temps, d'accéder à une vue panoramique de son évolution et de stimuler l'écriture libre.

CONSIDÉRER LE RÊVE AVEC UN MINIMUM DE RECUL

Dans le cas d'un rêve à forte portée émotive, après l'avoir écrit, un recul est souvent nécessaire pour s'en détacher et céder le passage à ce qui cherche à se manifester à la conscience. Le temps peut également manquer pour s'y attarder dans les heures ou jours qui suivent, le journal permet de se rattraper plus tard.

PRÉPARER LE TERRAIN POUR LE COMPRENDRE

Écrire son rêve est un premier pas vers sa compréhension, un peu comme le fait de le raconter à quelqu'un permet d'y voir plus clair. Ainsi, il peut être observé de l'extérieur, en vis-à-vis. De cette façon, la perspective d'ensemble se fait plus évidente et permet d'observer des éléments qui autrement échapperaient à l'attention. Il s'agit donc d'une étape préparatoire à l'exploration qui suivra.

EN OBSERVER LA RÉCURRENCE

C'est la plupart du temps en lisant son journal de rêves que le rêveur constate rêver à répétition d'une situation, de personnes ou d'objets spécifiques, d'une dimension de sa vie ou d'un questionnement particulier, etc. Cette récurrence souvent insoupçonnée par la conscience éveillée devient ainsi observable, sinon elle lui échappe la plupart du temps. Sachant qu'un rêve récurrent est une tentative répétée de l'inconscient pour communiquer à la conscience un message dont elle a besoin, cette information est précieuse pour le rêveur.

SE FAMILIARISER À SON PROPRE LANGAGE DE RÊVES

La lecture du journal de rêves habilite progressivement le rêveur à se familiariser au langage utilisé par son inconscient pour l'interpeler plus personnellement la nuit. Les symboles récurrents y sont plus facilement observables et permettent l'élaboration de son propre dictionnaire de rêves. Les symboles personnels, plus instables que les symboles universels, sont marqués d'une évolution qui prend la couleur de l'expérience personnelle, du vécu du rêveur. Cette information, plus apparente à la lecture du journal, ajoute à la connaissance de soi.

Prendre connaissance de rêves qui débordent les frontières de l'espace et du temps

Les rêves télépathiques et les rêves du futur font partie de l'expérience de chacun et sont plus facilement mis en évidence par le journal de rêves.

À titre d'exemple, voici le souvenir d'un rêve annonciateur d'un événement rapproché, complètement effacé de ma mémoire et retrouvé grâce à mon journal de rêves. La population entière du Québec a été alertée par les marées dévastatrices des 6 et 7 décembre 2010. Ayant fait l'acquisition, deux mois plus tôt, d'un chalet exposé aux assauts de ces marées déchaînées, quelle ne fut pas ma surprise, en faisant la lecture de rêves antérieurs à l'événement, de trouver, en date du 4 décembre, le rêve suivant intitulé *Changements climatiques* :

> « Je suis dans une grande maison de campagne, dont les fenêtres sont très hautes. Pendant qu'une jeune femme, de forme éthérée, s'affaire à les fermer, un vent violent crée un courant d'air qui l'aspire vers l'extérieur. Je poursuis ma tournée de la maison calmement, me faisant le commentaire suivant : *Nous vivons vraiment de la turbulence, nous sommes en pleins changements climatiques.* »

Ce rêve m'annonçait que ce serait important, sans être touchée physiquement, matériellement, car seule la forme éthérée de moi était aspirée. Le lecteur peut conclure de cet exemple que les marées de décembre sont toujours à risque et que la préoccupation était probablement présente en moi. Je dois préciser que je vis depuis plus de trente ans à Québec, en région montagneuse, loin des mouvements de la mer en cette saison. J'ai été la plus surprise du monde lorsqu'on m'a prévenue de la force exceptionnelle de la tempête. Sans mon journal, je ne me serais jamais souvenue d'avoir fait ce rêve. Avant de m'adonner plus assidûment à cette écriture, bien que la littérature regorge d'exemples, je croyais ces rêves du futur très exceptionnels et accessibles à un nombre infime de personnes.

À l'instar de ce qui précède, les rêves télépathiques, qui débordent les frontières corporelles et permettent d'entrer en contact avec d'autres personnes vivantes ou décédées, sont plus facilement reconnus par le rêveur s'ils sont consignés dans un journal. C'est en le consultant que le rêveur peut découvrir avoir eu une communication télépathique concernant un événement se produisant simultanément, avant même que l'information ne lui parvienne sur la scène de la vie éveillée.

ACCÉDER À UNE VUE PANORAMIQUE DE SON ÉVOLUTION

Témoin de son histoire personnelle et dépositaire d'une information beaucoup plus large que celle présente à la conscience, l'inconscient apprend au rêveur sur lui-même, nuit après nuit. Conservée dans un journal, cette information lui permet de mieux observer et de sentir les mouvements en profondeur de sa vie, vagues de fond ressenties par l'âme. Souvent imperceptibles à la conscience, ils ne sont pas moins la source d'inconfort. Pensez à ce vague à l'âme que l'on ressent et qui nous indispose sans qu'on puisse le toucher, l'expliquer. La lecture du journal permet d'observer cette mouvance et d'accéder à l'information livrée par cette intelligence supérieure qui sert de phare au rêveur. Pour Jung, une série de rêves lui offre un panorama plus complet de sa vie, ajoute au rêve isolé. La juxtaposition des scènes complète l'histoire et la rend plus explicite.

Aux personnes qui participent aux ateliers d'exploration sur une période de quelques mois, il est suggéré d'observer une succession de rêves à l'aide du journal, afin de saisir le courant qui se dessine plus en profondeur. Même en s'en tenant exclusivement aux rêves qu'elles ont choisi de partager avec le groupe, l'exercice permet souvent de dégager le sens et l'amplitude de l'évolution qui se profile plus subtilement. C'est dire qu'il s'avère particulièrement valable pour souligner que quelque chose bouge derrière l'inertie apparente.

Il va de soi que l'examen d'une série de rêves peut exposer un piétinement, un sentiment de faire marche arrière. Dans ce cas, l'exercice présente l'avantage de le faire ressortir et d'inciter le rêveur à passer à l'action. Se souvenir que, si le rêve est porteur d'informations sur ce qui ne va pas, sur les impasses, il est aussi porteur de solutions pour accéder à un meilleur équilibre. Ainsi, au sentiment de piétiner se substituera rapidement celui de progresser.

Ce regard plus obtus sur une série de rêves sera repris au chapitre 7, parmi les stratégies d'approfondissement de l'exploration du rêve, en préalable à l'action pour engager le processus de transformation.

Stimuler l'écriture libre

Le rêve facilite l'écriture spontanée. Antidote au syndrome de la page blanche, il ouvre à ce qui se présente à l'esprit sans juger. Anne-Marie Jobin, auteure du livre *Le Journal créatif,* précise que cette écriture, aussi appelée automatique, est la plus puissante pour se soustraire aux conversations mentales superficielles et ainsi accéder au centre de soi. Elle permet d'échapper à la censure de l'écriture plus réfléchie et plus consciente qui bloque la voie au contenu plus riche de l'inconscient. Son efficacité en fait un outil de base privilégié en écriture créative[131].

Le travail avec le rêve crée un contexte fertile à l'écriture libre. Son exploration, enrichie de la réflexion qui l'accompagne, prépare à accueillir ce qui se vit de l'intérieur et à le laisser s'exprimer avec plus de spontanéité. Apaisante et libératrice, l'écriture sans con-

131. A.-M. Jobin, *Le Journal créatif. À la rencontre de Soi par l'art et l'écriture*, Montréal, Éditions du Roseau, 2002, p. 58.

traintes facilite l'émergence de liens complémentaires entre les scènes de rêve et celles de la vie éveillée. Peu importe le rêve, franchir le seuil de cette porte d'entrée en soi et poursuivre l'incursion dans le monde de l'intuition sans le filtre de la pensée rationnelle est porteur d'une belle énergie. Pour cette raison, il est intéressant de faire du journal intime et du journal de rêves un même journal.

Le journal unique offre un lieu privilégié de croisement des pensées intuitives et rationnelles, un espace de réconciliation de ces deux mondes trop souvent mis dos à dos. La communication réduite entre ces deux univers crée des malaises. Les faire cohabiter leur permet d'interagir et soutient l'évolution vers plus d'unité, vers la restauration de liens effilochés par nos rythmes de vie accélérés.

Les personnes qui intègrent au journal cette écriture spontanée témoignent de la sensation de bien-être qui découle de ces moments privilégiés d'échange entre le personnage qui agit sur la scène de jour et cette sagesse qui s'exprime plus librement la nuit. Le Dr Janssen, lors d'une conférence, soulignait trois grandes qualités pour la santé : la fluidité, la confiance et la cohérence[132]. Pour moi, l'écriture libre induite par le rêve alimente ces qualités. Une meilleure compréhension de ce qui se vit en soi permet à l'énergie de circuler plus librement, avec une plus grande *fluidité*. Réhabilitée par la force des mots, cette énergie est porteuse de guérison. Consécutivement à la compréhension plus vaste de ce qu'il vit, le rêveur est plus *confiant* et ses actions sont plus *cohérentes* et plus *harmonieuses*. Cette expansion de la conscience l'invite à une plus grande harmonie appuyée moins exclusivement sur le *paraître* qui l'expose à *ne pas être*.

---

132. Dr T. Janssen, chirurgien formé en Europe et aux États-Unis, *« La maladie a-t-elle un sens? »* Conférence donnée à l'Université du Québec en Outaouais, conférence télévisée, canal Savoir, 27 février 2011.

La structure et le contenu du journal de rêves

Pour que le journal de rêves soit utile et facile à consulter, on doit y retrouver une information pertinente et bien organisée.

L'organisation de l'information

L'organisation de l'information ne s'appuie pas sur des règles absolues. Celle proposée ici illustre une façon de faire qui peut être adaptée au besoin, l'essentiel est la constance qui en facilite la consultation. Les éléments de contenu sont présentés sur le tableau de la page suivante en trois sections distinctes : le contexte, le rêve et l'écriture en découlant.

Pour mieux distinguer les sections, l'utilisation de crayons de couleurs différentes est suggérée. Le rêveur peut choisir de privilégier une autre stratégie : un encadré pour les éléments de contexte, un soulignement pour le titre, un trait plein dans la marge pour le rêve, un trait en pointillé pour l'écriture libre, etc. Le rêve peut être surligné et pas l'écriture libre.

L'organisation des éléments de contenu dans l'ordre du déroulement du processus facilite la lecture du journal. Certaines personnes choisiront d'écrire au recto les éléments de contexte et le rêve, et l'écriture en découlant au verso. Il y a place pour la créativité afin de personnaliser l'organisation de cette information.

STRUCTURE DU JOURNAL DE RÊVES

- LE CONTEXTE

Date du rêve : jour, mois, année et journée de la semaine

Informations générales : préoccupations ou événements marquants de la journée

Postulat : formulation simple d'une demande adressée au rêve

- LE RÊVE

Titre : mots-clés qui montent spontanément au réveil

Narration du rêve : au présent, fidèle au souvenir

Sensations ou sentiments dans le rêve : leur évolution à l'intérieur du rêve
Sensations ou sentiments au réveil : celui ou ceux qui émergent au réveil

- L'ÉCRITURE DÉCOULANT DU RÊVE

Exploration : travail de compréhension du rêve basé sur la réflexion et l'introspection

Message et action(s) en découlant : ce qui est retenu du rêve, le message principal et des pistes pour engager l'action

Écriture libre : expression spontanée et libératrice générée par le rêve et son exploration

Description du contenu

L'information à colliger est présentée ci-dessous, suivant le processus allant du contexte du rêve à l'écriture libre en découlant.

Section 1 : le contexte

Ces informations prennent leur source dans la vie éveillée, soit la vie consciente du moment du rêve. Elles le situent dans le temps en indiquant les faits marquants qui l'entourent et, s'il y a lieu, le postulat.

Date du rêve
jour, mois, année et journée de la semaine

Sans cette information, surtout si les rêves sont écrits sur des feuilles mobiles avant d'être consignés dans un journal, il est difficile d'observer l'évolution des scénarios qui témoignent de sa propre évolution. Ces coordonnées facilitent les liens avec le contexte pour en soutenir l'exploration, le moment venu de le faire. Généralement, sans indications sur le moment du rêve, rapidement après son occurrence, la réalité qui l'entoure échappe à la mémoire du rêveur. La journée de la semaine (ex. : dimanche 20 février 2011) a aussi son importance. Par exemple, cette information pourrait faire ressortir que des rêves plus sombres, porteurs d'un message particulier, reviennent systématiquement au même moment de la semaine et permettre ainsi au rêveur de faire le lien avec des activités récurrentes dans son emploi du temps.

INFORMATIONS GÉNÉRALES
préoccupations ou événements marquants de la journée

Au même titre que la date, des informations générales pertinentes sur les événements de jour offrent des pistes favorables à la compréhension du rêve. Ces indications absentes, surtout si le temps écoulé entre le moment du rêve et son exploration se prolonge, il devient laborieux de retracer les événements marquants susceptibles de faire émerger des liens entre la scène virtuelle du rêve et celle de la vie éveillée. Il s'agit de noter les éléments les plus significatifs de la journée, deux ou trois lignes avant de s'endormir suffisent. Exemples : préoccupé par une rencontre, déçu par une communication téléphonique, incommodé par un malaise physique, excité par un nouveau défi, inquiet face à une tâche inhabituelle, etc. Retenir que vouloir tout écrire est rapidement lourd et dissuasif, et augmente le risque d'abandon complet à court terme.

POSTULAT
formulation simple d'une demande adressée au rêve

Il s'agit d'une demande ou d'une orientation qu'on souhaite donner au rêve en réponse à un questionnement tel que défini au chapitre 3, sous la rubrique *L'incubation et les postulats de rêve*. En complément aux éléments de contexte, écrire un postulat contribue à mieux ancrer ce qui occupe la pensée pour le fixer au niveau du subconscient avant de se laisser glisser dans le sommeil.

SECTION 2 : LE RÊVE

Il s'agit d'en écrire le titre, de le décrire avec les sensations ou sentiments qui l'accompagnent, ainsi que ceux qui émergent au moment du réveil. À l'exception des sensations ou sentiments au réveil, ces éléments se rattachent exclusivement au contenu onirique, prenant leur source dans le rêve comme tel dans l'inconscient du rêveur.

Titre
mots-clés qui montent spontanément au réveil

Les mots-clés utilisés en titre aident à retracer un rêve plus ancien. Ils aident à retrouver, à la suite d'un rêve, un rêve antérieur qui traitait du même thème, mettant en scène les mêmes personnages ou utilisant les mêmes métaphores. Il peut également s'agir de scènes qui généraient les mêmes émotions ou encore qui annonçaient un événement s'étant produit depuis. Sans stratégie pour procéder simplement et efficacement, l'exercice est ardu et facilement abandonné. Ces mots-clés, comme il a déjà été mentionné, contribuent à réactiver le souvenir du rêve. En titre, ils se comparent à des mots de passe pour accéder rapidement au contenu du rêve sans avoir à le relire dans son entier.

Certains auteurs privilégient un titre plus élaboré se rapprochant de l'idée générale du rêve. Je préfère garder cet exercice pour l'exploration, afin d'écarter le moins possible les émotions qui l'entourent et qui en sont la source. Plus près de celles-ci, les mots-clés sont plus facilement évocateurs du souvenir du rêve.

Narration du rêve
au présent, fidèle au souvenir

Voici quelques indications pour conserver intact le sens du rêve : l'écrire au présent, privilégier le contenu à la forme, écrire le plus fidèlement possible ce qui se présente à la mémoire, accueillir tous les éléments de scénario même ceux qui heurtent la conscience éveillée, tenir compte de la valeur symbolique des images et écrire en toute liberté.

- *Écrire le rêve au présent*

Plutôt qu'écrire: *J'ai rêvé que j'étais seule sur une terrasse déserte,* écrire: *Je suis seule sur une terrasse déserte.* Cette manière de faire est moins à risque de se perdre dans les temps de verbes, et le contact avec le rêve demeure plus vivant, plus réel qu'en l'écartant comme un événement passé. Plus près de la trame de l'histoire, les détails de la mise en scène et des émotions qui l'accompagnent échappent moins à la mémoire.

- *Privilégier le contenu à la forme*

Il ne s'agit pas d'un exercice d'écriture dans les règles de l'art. Pour être fidèle à la mémoire du rêve, il faut l'habiter entièrement et oublier les normes qui régissent habituellement l'écriture, sous la gouverne du cerveau rationnel. Le but est de préserver la créativité et l'ingéniosité déployées par l'inconscient pour communiquer sans contraintes ce qu'il a à dire. Attention au censeur de jour! Le langage du cœur n'est pas celui de la raison. Dans ce contexte, se soucier des règles à tout prix peut se comparer au fait de corriger sur-le-champ quelqu'un qui éprouve du mal à exprimer verbalement ce qu'il ressent, en reformulant plus *correctement* ce qu'il dit. Il y a fort à parier qu'en agissant ainsi l'interlocuteur s'éloignera de ce qu'il a à dire, plus préoccupé par le cadre qu'on lui impose que par le contenu qui n'arrive plus à émerger spontanément. La communication avec ce qui se vit à l'intérieur requiert une grande ouverture, un abandon qu'il faut garder à l'abri des règles qui régissent la scène extérieure. Le rêve intitulé *Cul de SAAQ,* au chapitre 3, illustre bien ce propos. L'expression *cul de SAAQ,* consignée spontanément en demi-sommeil, est beaucoup plus percutante et apte à refléter le message du rêve que l'est l'expression *cul-de-sac*, conformément à la norme.

- *Écrire le plus fidèlement possible ce qui se présente à la mémoire*

Rendre compte des faits observés en se gardant de toute interprétation. À cette étape-ci, il faut porter l'habit d'un fidèle secrétaire et non celui de l'interprète du rêve, et procéder avec la rigueur d'un rêveur chercheur de sens qui construit sa banque de données. N'essayez pas de comprendre, même si la tentation est forte, ce n'est pas encore le moment de le faire.

Commenter la narration en ajoutant de l'information peut compromettre l'efficacité de la démarche. Intercalée à l'intérieur de la description du rêve, elle en rend la lecture plus difficile et augmente le risque de confusion le moment venu de l'explorer. Laisser le champ libre à la pensée logique expose au jugement, à la substitution, aux ajouts et retraits. Ce faisant, le message du rêve est rapidement embrouillé et parfois même totalement modifié. Voici l'exemple d'un rêve ponctué de commentaires et de jugements :

> « Je suis chez le boulanger du quartier, et je rencontre Pierre (c'est un collègue de travail que j'aime beaucoup, mais que je trouve parfois lourd, toujours à demander, en attente). Il veut de l'aide pour parler à son fils (il ne m'a jamais parlé de son fils) qui a écrit un article à propos de lui dans un journal (c'est assez invraisemblable, son fils est ferrailleur et pas intéressé par l'écriture). Je n'ai pas lu l'article, mais cela m'intéresse, nous convenons donc [—]. »

Dans cet exemple, l'introduction d'éléments de contexte brouille l'information sur les sentiments du rêve et nous éloigne de la valeur symbolique de la mise en scène. Le risque de confondre les sentiments que l'inconscient veut soumettre à l'attention du rêveur avec ceux de sa vie éveillée est présent. Il est donc plus sage de ne pas décrire les éléments du rêve comme quelque chose de connu, en cherchant à expliquer le scénario à mesure qu'il s'écrit. À ce propos, Nathan précise que, pour interpréter un rêve, il est préférable que le rêveur s'abstienne de « *[—] laisser dérive[r] ses idées à partir du premier récit car il aura tendance, par souci de cohérence, à faire disparaître les singularités, à rechercher du déjà connu dans le passé, alors que le rêve est projection vers un lendemain à construire*[133] ».

Cette rigueur se développe avec le temps. Il s'agit d'en être conscient et de demeurer vigilant.

---

133. Nathan, *op. cit.*, p. 122.

- *Accueillir tous les éléments de scénario même ceux qui heurtent la conscience éveillée*

Une certaine pudeur, surtout au début du travail avec le rêve, peut inciter le rêveur à filtrer, à modifier ou à éliminer des scènes rebutantes, créant ainsi des distorsions du message communiqué par l'inconscient.

Voici un exemple où je me suis prise au piège. Il s'agit d'un rêve où je me méfie, évite, puis, progressivement, me rapproche avec satisfaction et enthousiasme d'une personne connue dans ma vie éveillée. Le moment venu de l'écrire dans mon journal, j'ai inscrit le prénom de cette personne. J'ai fait abstraction de son nom pourtant clair dans la scène, **jugeant** sa présence un peu déplacée, voire gênante. Ce n'est qu'après avoir tourné en rond au moment de l'exploration que j'ai enfin réalisé avoir éliminé une clé importante. Tout le rêve prenait son sens dans son patronyme, *Laliberté.* J'ai fait ce rêve dans un moment de transition vers une liberté nouvelle interpellant mes capacités à me réinventer ailleurs, à donner un sens à ma vie en dehors de structures préalablement définies. Le rêve m'indiquait avec finesse comment j'allais progresser vers cette nouvelle liberté qui s'offrait à moi.

- *Tenir compte de la valeur symbolique des images*

Être attentif à la substitution d'éléments du rêve qui peut induire une perte d'information parfois substantielle pour en saisir le sens. À la recherche de sa *route pour Villefranche*, dans son rêve, un rêveur qui remplacerait la destination par *route des vacances*, au moment de l'écrire, pourrait s'éloigner de ce que l'inconscient tente si habilement de lui communiquer pour l'aider à y voir plus clair. Il est possible, ce faisant, qu'il ait voulu inviter le rêveur à s'exprimer plus ouvertement sur ce qu'il ressent, à prendre la route pour plus de franchise dans sa relation à lui-même et aux autres. La *route des vacances* n'a pas du tout la même portée.

Éviter d'atténuer ou encore d'éliminer des scènes de rapprochement ou d'intimité avec des personnages connus dans sa vie éveillée. Si, interprétées au premier niveau, elles risquent de heurter la conscience, elles symbolisent, la plupart du temps, un besoin de considérer avec plus d'attention le rapport avec certaines facettes de soi, représentées par ces personnages.

Cette rigueur s'acquiert avec l'entraînement et la persévérance. Progressivement, l'esprit cartésien cède du terrain et accepte de dialoguer avec sa sagesse intérieure, bien qu'elle s'exprime de façon originale et parfois choquante pour la conscience éveillée.

- *Écrire en toute liberté*

La peur d'être lu à son insu par d'autres personnes, qu'elles soient bien ou mal intentionnées, s'avère souvent inhibitrice de l'abandon nécessaire à l'écriture intégrale de ses rêves. Elle conduit à une autocensure qui, en plus d'écarter du sens du rêve, réduit la capacité à entrer en contact avec sa sagesse intérieure, tant pour l'écriture intégrale du rêve que celle plus libre qui en découle.

Pour se libérer de cette peur, je suggère de rédiger à l'intention du lecteur indiscret une note en page frontispice de son journal. Une note qui pourrait ressembler à ceci : « ***Espace privé!*** *S'y aventurer peut créer préjudice à l'auteur et égarer le lecteur qui ne peut en comprendre le sens.* » S'il est vrai que le rêve est le reflet du rêveur, il est aussi vrai que lui seul peut en saisir tout le sens. Cette précaution peut sembler curieuse, voire exagérée, mais elle s'appuie sur la crainte souvent exprimée par des participants aux conférences et ateliers. Écrire ce message ou aborder cette préoccupation avec les personnes qui partagent sa vie peut permettre de s'abandonner plus complètement à son journal. Sans l'inquiétude d'être jugé et de l'effet que pourrait avoir sur les autres la lecture de ce qui concerne son espace intime, l'exercice est beaucoup plus riche.

Sensations ou sentiments dans le rêve et au réveil

Déterminants du sens du rêve, les sensations ou les sentiments sont de précieux alliés le moment venu de l'explorer. Il peut s'agir d'*émotions* ressenties physiologiquement, donc de *sensations* qui passent par le corps et qui peuvent se manifester par un trouble ou un malaise intense, l'augmentation du pouls, une importante sudation ou autre. Il peut s'agir de *sentiments* qui correspondent davantage à un état provoqué par une émotion et plus près de la pensée. C'est la représentation que l'on se fait mentalement de quelque chose, comme un sentiment de honte, de culpabilité, de supériorité ou autre.

Ce qui importe est de différencier ce qui appartient aux scènes oniriques et ce qui est plutôt associé à une réaction à celles-ci, du point de vue de la conscience éveillée au moment du réveil. Par exemple, une personne peut se réjouir d'une collaboration étroite avec une autre dans le rêve et s'en trouver choquée au réveil. Confondre ces sentiments peut altérer le sens de ce que le rêve veut lui communiquer. Entre autres, le sentiment du rêve pourrait exprimer une invitation de l'inconscient à ouvrir sur une nouvelle dimension de soi symbolisée par le personnage du rêve. Il pourrait inciter le rêveur à mieux accueillir une relation de sa vie éveillée, tendue le jour, en lui faisant voir qu'elle a le potentiel pour évoluer plus favorablement. C'est dire que s'en remettre exclusivement à l'impression ou au sentiment au réveil, c'est se limiter à ce qui est déjà connu à la conscience, et se priver de l'opportunité d'apprendre sur soi.

L'évolution des sentiments à l'intérieur du rêve aide également à bien en saisir la portée. Est-ce qu'il y a progression vers plus de confort ou est-ce l'inverse? La couleur, la luminosité, la température, l'atmosphère, la liberté de mouvement, etc., qui caractérisent la scène virtuelle sont de bons indicateurs.

La réflexion que se fait le rêveur à lui-même, à l'intérieur du rêve, en se plaçant comme observateur plutôt qu'acteur du scénario qui s'y déroule a aussi son importance. Elle peut indiquer jusqu'où il s'associe ou non à ce qui se déroule sous ses yeux.

L'attention portée à consigner le plus fidèlement possible toute cette information dans son journal contribue à préserver toute la valeur du rêve et rehausse l'efficacité de son exploration.

SECTION 3 : L'ÉCRITURE DÉCOULANT DU RÊVE

Conjuguant les pensées rationnelles et intuitives, elle préserve l'ouverture à soi créée par le rêve. À la jonction des éléments de contexte et du rêve, de la conscience éveillée et de l'inconscient, cette écriture enrichit la réflexion du rêveur. Elle comprend l'exploration du rêve, le message qui en ressort et l'écriture libre stimulée par l'exercice d'exploration.

EXPLORATION
travail de compréhension du rêve
basé sur la réflexion et l'introspection

Ici, un espace assez important est réservé pour jongler avec le rêve et approfondir la réflexion qui s'ensuit. Il est possible de procéder à l'exercice en dehors du journal et d'y inscrire ensuite le résultat sur quelques lignes. Une démarche d'exploration est proposée au chapitre suivant.

MESSAGE(S) ET ACTION(S) EN DÉCOULANT
ce qui est retenu du rêve, le message principal

Inscrire le ou les messages issus de l'exploration et l'action en découlant dans sa vie éveillée. Il s'agit de se demander : *Qu'est-ce que je retiens du rêve? Qu'est-ce que je peux en faire?* Cumulés sur une période plus ou moins longue, les messages successifs permettent de saisir le mouvement qui se dessine en trame de fond, d'observer la récurrence ou la transformation. L'exercice rend plus dynamique le travail avec les séries de rêves, lequel sera abordé au chapitre 7.

ÉCRITURE LIBRE
expression spontanée et libératrice générée par le rêve et son exploration

L'espace réservé pour l'écriture stimulée par le rêve et son exploration peut varier. Son importance se définira avec l'apprentissage, selon le besoin et l'intérêt de chacun.

Le type de support

Quel type de cahier privilégier? Le choix du support est individuel. Il peut s'agir d'un petit format pour en faciliter la manipulation, l'avoir avec soi aux ateliers d'exploration, le glisser dans le tiroir de sa table de chevet ou encore dans ses valises si l'on a à se déplacer. Certains préfèrent utiliser un cartable à feuilles mobiles qui offre plus de souplesse. Ce dernier présente l'avantage de pouvoir y revenir et ajouter commentaires et réflexions sur un rêve déjà exploré, y insérer un dessin, un collage, un poème inspiré par un rêve, ou encore y consigner l'analyse d'une série de rêves, etc. La multidimensionnalité du rêve et sa capacité à offrir toujours plus d'informations peuvent être mises en valeur lorsque le support utilisé permet ce va-et-vient dans le temps. Bien que plus encombrant, le cartable à feuilles mobiles s'adapte à volonté pour approfondir le travail avec le rêve.

Retenir que le support doit être convivial pour soi, peu importe sa forme. Il fait partie des conditions à se donner pour soutenir la démarche et ne doit surtout pas l'alourdir.

La fréquence d'utilisation

Une fois de plus, il n'y a pas de règles absolues. Si l'idée d'écrire ses rêves tous les jours peut séduire au départ, l'exercice aura tôt fait de submerger complètement le rêveur. Il est préférable de ne pas verser dans le dogme et d'y aller à son rythme, tout en nuance. Garder en mémoire que l'équilibre entre notre monde intérieur et extérieur est source de bien-être! Si la société dans laquelle nous vivons nous incite à vivre presque exclusivement sur la scène extérieure, dans l'ego, à l'inverse, nous centrer exclusivement sur l'introspection risque de faire basculer dans l'autre sens l'équilibre recherché. Ne pas perdre de vue, comme la Québécoise Claire Pelletier le chante de sa très belle voix, que : « *Le corps est l'atelier de l'âme, où l'esprit vient faire ses gammes*[134]. » C'est donc dire que pour accéder au mieux-être il faut également s'activer à mieux faire.

Dans le tourbillon de la vie actuelle, en particulier pour un travailleur, profiter des jours de congé pour se prêter à l'exercice peut être intéressant. Le réveil se fait généralement plus naturellement à la fin d'un stade de sommeil paradoxal, et la sortie du lit est moins susceptible d'être bousculée. Cependant, comme ce type de sommeil tend à s'accentuer en périodes de transition, d'adaptation, il peut être judicieux d'en tirer parti quand cela se produit.

Ce qui importe est la constance pour profiter pleinement de l'entraînement à se souvenir, ainsi qu'une somme d'informations suffisante, le temps venu d'explorer ses rêves. Une série de rêves étalés dans le temps est souvent plus valable que plusieurs rêves consignés dans un court délai. Échelonnés sur une plus longue période, ils permettent plus facilement d'observer une évolution. Comme pour toute nouvelle habitude à développer, il est souvent plus efficace d'y aller en douceur et maintenir le cap que d'y plonger tête première sans pouvoir soutenir le rythme. Pour Delaney, au début, l'exploration d'un rêve par semaine fait très bien l'affaire. Plus tard, le rêveur devenu plus habile à questionner ses rêves, il est à la discrétion de chacun d'examiner un songe par jour[135]. La quantité qui crée l'illusion d'être en contrôle n'est pas garante de l'efficacité du travail. Il importe de ne pas se comparer. Chacun a ses temps bavards et ses temps silencieux, et un langage de rêves qui le

---

134. C. Pelletier, CD, « *Galileo...* », Chanson Hildegarde de Bingen, Éditions du chevalier perdu, 2000.

135. Delaney, *op. cit.*, p. 312.

reflète plus personnellement. Ce n'est pas une course à la performance, tout est dans la qualité. En s'y investissant à son rythme, colliger l'information fidèlement et la conserver précieusement représentent un réel investissement.

TROISIÈME PARTIE
« COMPRENDRE »

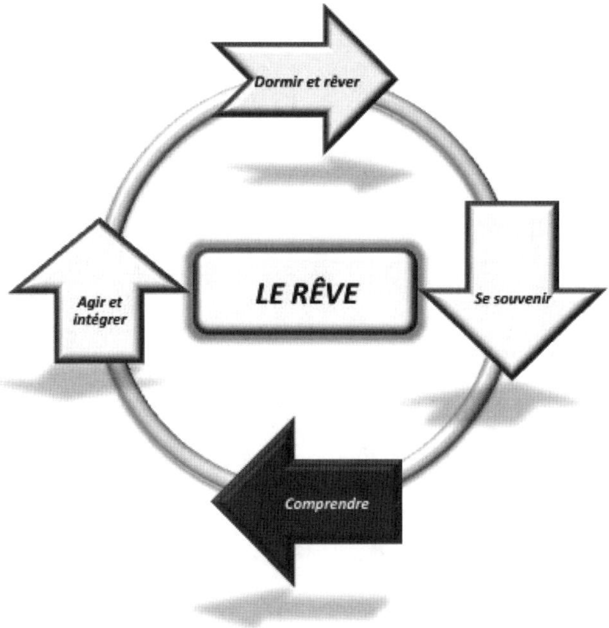

CHAPITRE 5

La démarche d'exploration proposée

« Dès qu'on se pose les bonnes questions,
on commence à trouver les bonnes réponses. »
« Les réponses n'attendent que les questions
pour pouvoir se manifester. »

JACQUES LANGUIRAND

Ce qui suit expose une démarche d'exploration accessible à tous afin que le rêveur curieux, avide de comprendre la signification de ce cinéma intérieur, puisse y parvenir de manière autonome.

POURQUOI ESSAYER DE COMPRENDRE SES RÊVES ?

Puisque, naturellement, le rêve assure un certain équilibre psychique, pourquoi consacrer du temps à l'explorer?

Le tourbillon actuel dans lequel évolue notre société encourage peu ces moments d'arrêt pour entrer en contact avec ce qui se vit à l'intérieur. En 1989, Denise Bombardier et Claude Saint-Laurent posaient un diagnostic dans le livre *Le mal de l'âme*, où ils déploraient que nous vivions dans un monde qui impose sa tyrannie en comptabilisant tout dans une perspective essentiellement centrée sur l'efficacité. Ce constat trouve encore plus de résonance aujourd'hui.

> « En confondant, volontairement ou non, être heureux et fonctionner, aimer et prendre plaisir, orgasme et passion, temps et instant, en s'acharnant à projeter sur les écrans publics l'intime et le secret, en voulant tout nommer, tout avouer, en s'obstinant à effacer le passé perçu comme une complaisance nostalgique, sinon une nuisance, n'est-ce pas un peu de l'être humain qu'on altère[136]? »

Depuis, la course contre la montre s'est plutôt emballée. La vie intérieure reléguée au second plan, c'est la vie extérieure, plus axée sur la consommation et le paraître, qui occupe toute la scène. En s'appuyant sur les fonctions du rêve décrites au chapitre 3, il est loin d'être hasardeux de prétendre qu'il puisse jouer un rôle d'interface intéressant par rapport à ce qui se vit plus profondément en chacun. À la portée de tous, il offre l'opportunité de se déposer, de s'arrêter quelques instants, sans exiger de prendre rendez-vous des jours à l'avance et sans se déplacer sur de longues distances. Il peut donc contribuer à nous extraire de cette course effrénée dans laquelle le quotidien tend à nous enfermer.

En raison du dialogue qu'il engage avec soi-même, le travail avec le rêve s'inscrit honorablement dans la gamme des activités spirituelles qui s'offrent à nous. S'y adonnant, l'individu est invité à puiser à ce qu'il y a de plus grand en lui, à donner la voix à sa sagesse profonde en dehors de toute religion, de tout dogme et de

---

136.D. Bombardier et C. Saint-Laurent, *Le mal de l'âme. Essai sur le mal de vivre au temps présent*, Paris, Les Éditions Robert Laffont, 1989, p. 9.

toute dépendance. Cet échange avec soi, réalisé avec honnêteté, mène en quelque sorte à la découverte par soi-même du sens de sa vie, par conséquent à plus de pouvoir sur celle-ci. Jung en parlait comme d'une réflexion sur soi-même pendant laquelle la conscience du moi ne réfléchit pas sur elle-même. Elle s'affaire plutôt à écouter une communication de l'âme humaine inconsciente et unique.

> « On réfléchit au Soi, on ne réfléchit pas au moi, on réfléchit sur ce Soi étranger qui nous est originellement propre, qui est notre souche, d'où naquit un jour le moi et qui nous est étranger parce que nous l'avons perdu par suite des errements de la conscience[137]. »

En plus d'ouvrir une porte sur la nature profonde de soi, ma pratique d'ergothérapeute m'a convaincue que l'activité d'exploration du rêve présente un potentiel de stimulation et de maintien des fonctions cognitives. Même si la documentation est peu bavarde sur le sujet et que ce n'est pas le propos d'en traiter ici, la valeur clinique d'un tel exercice devrait être considérée. Les exigences de la démarche : se remémorer un rêve, l'écrire, le questionner et l'analyser pour faire des liens avec le contexte n'ont rien à envier à toutes les activités proposées pour la stimulation des fonctions cognitives. Selon moi, le travail avec le rêve présente un intérêt qui déborde de celui qu'on lui accorde aujourd'hui.

Chacun peut apprivoiser le langage du rêve et s'en servir

L'efficacité des efforts investis à comprendre ses rêves est fonction des motivations qui nous animent et de la valeur qu'on accorde à ces images intérieures. Il s'agit de les questionner sous différentes facettes et de se donner la peine de jongler plus longuement avec les métaphores et symboles utilisés pour accéder à ce qu'ils cher-

137. Jung, *L'âme et la vie, op. cit.*, p. 95.

chent à nous communiquer. L'entraînement, l'engagement personnel et la persévérance sont des atouts.

Comme mentionné au début de ce livre, au cours de l'histoire, le rôle du rêveur a évolué vers une participation toujours plus importante à la compréhension et à la validation du sens de ses rêves. Lui reconnaissant une autorité sur ses rêves, on tend de plus en plus à le libérer du joug de l'interprète et lui concéder le pouvoir de se servir de manière autonome, de ce qui vit naturellement en lui et l'accompagne la vie durant. C'est par cette habilitation à lire en lui-même, sans l'intervention d'un intermédiaire, que la perspective d'*empowerment* prend son sens.

Cette réappropriation du rêve à travers l'histoire n'exclut pas pour autant le besoin d'en apprivoiser le langage. C'est une nécessité pour pouvoir faire cheminer l'information à la conscience sans se perdre dans les méandres des scénarios élaborés par l'inconscient. Ullman, fervent défenseur de la démocratisation du rêve, était convaincu du potentiel de chacun à s'en servir de manière autonome, moyennant un minimum de discipline pour se familiariser à ce langage. Il a écrit : « [—] *mon travail de psychothérapeute m'avait convaincu que l'étude des rêves n'avait rien d'ésotérique et qu'un profane pouvait parfaitement maîtriser ce domaine*[138] ». Partageant ce point de vue, Delaney souligne l'hermétisme encore trop présent du jargon des experts, dont la théorie domine trop souvent le sens personnalisé du contenu onirique pour le rêveur.

S'appuyant sur les lectures de Cayce, Thurston propose des stratégies pour analyser le rêve de manière autonome. Il témoigne de la conviction du célèbre médium en la capacité de chacun à s'en servir pour rester en santé, demeurer sensible aux autres, surmonter les obstacles qui se placent sur sa route, etc.

Fluchaire, ajoute qu'il faut donner à chacun les moyens de comprendre ses rêves : « *Si, au début, on peut se faire aider, cela ne doit*

138. Ullman et Zimmerman, *op. cit.*, p. 167.

pas aboutir, comme c'est trop souvent le cas à une dépendance. On aide mieux quelqu'un qui n'a pas de travail en lui en procurant un qu'en lui faisant l'aumône[139] ». Dans notre société, il est fréquent de s'en remettre systématiquement à l'autre pour trouver le sens de ses rêves. On se tourne vers des experts, des médiums ou des personnes s'en attribuant les compétences sur la seule base de l'intuition, sans égard au contexte du rêveur. Bien que certaines personnes avec des facultés médiumniques puissent, de façon assez juste, faire émerger le sens du rêve, y recourir ne sort pas le rêveur de sa dépendance. Ces interprétations présentent le même inconvénient que les dictionnaires de rêves. Prenant leur source à l'extérieur de soi, elles sont souvent trop générales et ne renforcent pas la capacité du rêveur à tisser, de manière autonome, des liens avec son vécu. Ces réponses immédiates sont moins aptes à le mobiliser vers l'action. Pour dépasser ce réflexe, il faut prendre le temps de l'effort, le temps de s'entendre de l'intérieur pour accéder soi-même au message du rêve. Le Dr Jean Drouin, médecin rompu à l'efficacité de l'interaction dynamique entre la médecine traditionnelle et des approches alternatives, souligne l'importance de faire taire les bruits extérieurs pour donner une place à sa voix intérieure. Pour lui, « *[p]eu importe la quête spirituelle dans laquelle nous nous sommes engagés, il faut suivre la route qui mène à soi et, à ce titre, la pratique du silence devient une alliée de grande valeur*[140] ». C'est dans ce silence que peuvent se nourrir la réflexion et l'introspection stimulées par le rêve.

Si les premiers exercices d'exploration reposent parfois sur une profession de foi quant à la valeur des images oniriques, ils auront tôt fait de s'appuyer sur une conviction beaucoup plus ferme. Les efforts consentis fourniront une somme impressionnante d'informations rapidement décuplées par l'entraînement et l'assiduité. Progressivement, ils permettront d'accéder à des messages qui se

---

139. Fluchaire, *op. cit.*, p. 246.
140. J. Drouin Dr, *Guérir sa vie. Les six clés essentielles pour gérer sa santé,* Québec, Éditions le Dauphin Blanc, 2006, p. 136.

complètent et s'approfondissent, suivant le fil de son évolution pour porter le rêveur toujours plus loin. De plus, comme le qualifiait en conférence un expert dans le domaine, le rêve est « *une ressource naturelle renouvelable*[141] ». Je me permets d'ajouter : *dont les avantages se multiplient avec l'usage!* C'est la loi du marché, de l'offre et de la demande, comme si l'inconscient ayant trouvé un interlocuteur intéressé s'adressait à lui avec de plus en plus de générosité.

Si, avec un peu d'entraînement, chacun peut parvenir à interpréter un grand nombre de rêves, cela n'écarte pas la possibilité de recourir à un expert pour des scènes de nature plus énigmatique, ou encore qui semblent avertir le rêveur de quelque chose d'inquiétant ou d'insaisissable. En progressant vers plus d'autonomie, le recours à un psychothérapeute qualifié pour désamorcer une situation de crise, y voir plus clair et élaborer des solutions peut être indiqué. En l'occurrence, le temps déjà consacré à la réflexion et à l'introspection aura permis de mieux cerner ce besoin d'aide, et il aura créé l'ouverture nécessaire pour profiter pleinement d'une psychothérapie. Cette dernière sera moins longue si le dialogue est préalablement engagé avec soi, le fossé entre sa vie intérieure et extérieure s'en trouvant réduit.

La démarche qui suit a pour but de soutenir le rêveur qui souhaite utiliser ses rêves de manière autonome, dans une perspective de développement personnel.

Ce qui a influencé la démarche proposée

Cette démarche est inspirée de quelques auteurs animés par la volonté de démocratiser le rêve, de redonner à l'individu l'accès à quelque chose qui lui appartient, qui vit au fond de lui et sur lequel il détient tous les droits. En plus de Ullman et Delaney dont les pro-

141. D. Deslauriers, Ph. D. Professeur agrégé, du California Institute of Integral Studies, San Francisco, « *Allocution* », Colloque régional de ASD-Québec, 10 avril 2008.

pos ont trouvé écho en moi, Thurston appuyé des lectures de Cayce, ainsi que Hamel, ont également contribué à enrichir ma réflexion. Ils ont éveillé le désir de proposer une approche d'exploration à portée de tous, une démarche également tributaire de mon expérience professionnelle et de la connaissance acquise sur le rêve, au fil du temps, par la formation, la recherche personnelle et l'animation d'ateliers d'exploration.

Pourquoi écrire encore sur ce sujet alors qu'il existe une quantité impressionnante de techniques pour accéder aux messages du rêve? Selon moi, si quelques-unes s'avèrent utiles, d'autres risquent de nous égarer, la logique qui les sous-tend étant loin d'être explicite. Il va de soi que le contenu de ce livre et la méthode proposée se situent en aval des écrits qui les ont inspirés et en amont de ceux qui les feront évoluer, suivant le cours normal des choses. Pour paraphraser Victor-Lévy Beaulieu en entrevue à Radio-Canada : la somme des lectures, des expériences et des connaissances crée un véritable compost qui permet de faire porter un peu plus loin la réflexion, et motive écriture et publications sur un sujet. Jean d'Ormesson, normalien et agrégé de philosophie, traduit particulièrement bien cette idée dans son livre *C'est une chose étrange à la fin que le monde*. Par la voix d'un personnage appelé *le Vieux* en réponse à un questionnement sur l'existence de Dieu, il écrit :

> « Il n'y a jamais eu qu'un roman : c'est le roman de l'univers. Il n'y a jamais eu qu'un romancier : c'est moi. Les autres, ceux qui écrivent des livres, qui obtiennent des distinctions et qui ramassent des lecteurs, qui deviennent célèbres et dont les noms flottent sur les lèvres des hommes, se contentent de combiner autrement, en se servant du langage que je leur ai donné, des fragments de ma création[142]. »

Ce qui suit n'est rien d'autre que l'aboutissement d'une combinaison différente d'éléments, en vue d'accompagner le rêveur dans

142.J. d'Ormesson, *C'est une chose étrange à la fin que le monde.* Paris, Les Éditions Robert Laffont, 2010, p. 90.

l'exploration de ses rêves. Bonifiée par l'expérience, l'approche proposée devrait normalement évoluer, tant et aussi longtemps qu'elle sera utilisée.

PRÉSENTATION DE LA DÉMARCHE

Le questionnement du rêve progresse du général au spécifique, de l'extérieur vers l'intérieur du rêve. Pour en assurer l'efficacité, le choix des questions doit tenir compte de certaines caractéristiques pour procéder à travers les étapes.

Ses caractéristiques

Le processus se veut exploratoire, progressif et intégratif, et requiert la participation active du rêveur.

Exploratoire, parce que le nombre et la nature des questions adressées au rêve varient selon leur capacité à en faire émerger le sens. Elles visent à en extraire le maximum d'informations et elles mettent l'accent sur la réflexion qui accompagne le processus, autant que sur son aboutissement. Souple, cette démarche peut être adaptée, réduite ou plus poussée, en fonction de la complexité des scènes à élucider. Sans occulter l'effort des premiers exercices, le processus doit être convivial pour que le rêveur s'y sente à l'aise et parvienne à en profiter pleinement. Comme le cite Corneau : « *[—] la méthode d'interprétation que l'on utilise n'a pas une importance absolue, n'en déplaise aux tenants de telle ou telle discipline. L'important est de se mettre en mouvement, à la recherche d'un sens vivant qui se transforme en chemin et qui nous transforme également*[143] ».

Progressive, puisqu'elle suggère d'évoluer à travers les étapes proposées jusqu'à l'émergence du sens du rêve. Si, dès la première étape, le rêveur sent monter en lui la réponse, avec la certitude qu'il

143.Corneau, *op. cit.*, p. 85.

a trouvé ce qu'il cherchait, il n'est pas requis d'aller plus loin. Cependant, il arrive assez fréquemment qu'en poursuivant l'exploration le message se valide et s'approfondisse. Cela permet souvent de saisir des détails qui complètent l'information générale dégagée plus tôt, et rend plus perceptible toute la subtilité de la mise en scène utilisée par l'inconscient pour enrichir la portée du message.

Intégrative, puisqu'elle conjugue intuition et logique dans un mouvement de va-et-vient. Rappelons que l'hémisphère droit du cerveau, plus intuitif, prend le relais la nuit pour équilibrer le fonctionnement dominant de l'hémisphère gauche le jour. Particulièrement stimulé en sommeil paradoxal, il permet d'accéder à une intelligence plus grande que celle de la conscience éveillée. Le rêve, qui se produit principalement pendant ce type de sommeil, se nourrit d'émotions conscientes ou non le jour pour en générer de nouvelles qui continuent de nous habiter au réveil, et sont à la base de nos intuitions. Ces dernières sont souvent décrites comme des sensations, des émotions qui passent par le corps[144]. Cependant, s'en remettre exclusivement à elles pour expliquer un rêve correspond davantage à des tentatives pour en deviner le message[145]. Sans la logique de l'hémisphère gauche, il est plus difficile de faire des ponts avec la réalité et d'engager la réflexion et l'introspection nécessaires à la mise en conscience préalable à l'action. Se souvenir que l'intuition procure la certitude et pas nécessairement l'exactitude comme le cite James Hillman dans son livre *Le code caché de votre destin*[146]. La réflexion qui l'accompagne permet de dépasser le simple réflexe pour dégager le sens du rêve appuyé sur son contexte, les faits, les sentiments, etc., et rehausse l'utilité de la démarche. C'est après avoir senti intuitivement les appels de l'âme que la pensée rationnelle nous soutiendra[147].

144. Adrienne, *op. cit.*, p. 239-240.
145. Thurston, *op. cit.*, p. 76.
146. J. Hillman, *Le code caché de votre destin*, Paris, Les Éditions Robert Laffont, 1999, 309 p.
147. Jobin, *op. cit.*, p. 31.

Participative, le rêveur étant partie prenante du processus et le seul autorisé à valider le sens du rêve. La démarche proposée se distingue donc de l'interprétation souvent associée à la signification qui lui est attribuée une fois le processus d'analyse terminé, le rêveur y jouant un rôle de second plan. Elle l'invite plutôt à jongler activement avec les métaphores et les scénarios du rêve, à la manière d'une enquête, pour mieux saisir ce qui se profile si subtilement derrière. Il est le plus apte à en valider le sens. C'est le sentiment et la satisfaction d'avoir trouvé, d'y être arrivé et de se reconnaître qui témoignent de l'efficacité de l'exercice. Il s'en trouve soulagé, mobilisé par ce qui monte à sa conscience. Non seulement il sait qu'il a touché le sens, mais en plus il le sent!

Il s'agit donc d'examiner le rêve sans prétention, par essais et erreurs, pour en approcher le centre, avec le même plaisir que la reconstitution d'un casse-tête, la solution d'une énigme, etc.

Sa progression en étapes

Les quatre étapes de la démarche d'exploration sont présentées successivement dans la figure suivante et sont accompagnées d'un exemple pratique pour expliquer le déroulement du processus. Pour en soutenir un peu plus la compréhension, sans reprendre l'information théorique, trois autres exemples suivent.

Étape 1 : Le schéma du rêve

Il faut d'abord procéder globalement et le plus objectivement possible. Attention à ce vieux réflexe qui incite à juger rapidement le scénario du rêve! Se souvenir que la pensée rationnelle, dominante le jour, a tendance à réprimer ce qui ne répond pas à la même logique. Son emprise expose le rêveur au risque de rejeter, en tout ou en partie, ce que lui présente le rêve dans toute son originalité.

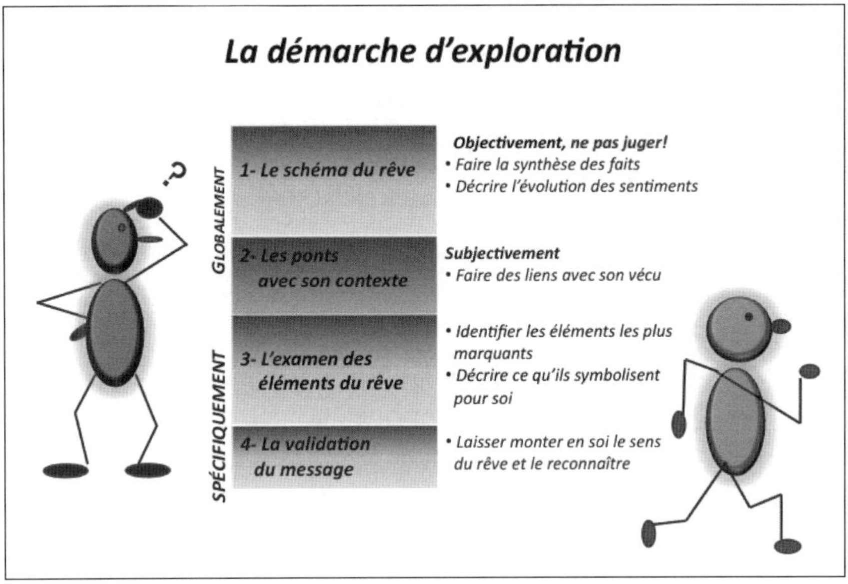

FIGURE 2 : La démarche d'exploration

À propos de l'apparence saugrenue et incompréhensible du rêve, Jung insistait sur la nécessité de résister à la répugnance intellectuelle qu'il soulève pour pouvoir se mettre patiemment à la tâche de « *débrouiller cet écheveau confus [—] nous constatons alors avec étonnement que même un songe insensé en apparence est, en fait, bourré de sens et, qu'au fond, il ne parle que de choses sérieuses et de la plus grande importance*[148] ».

C'est la fonction du rêve de déconstruire, défaire les conditionnements existants pour inciter à regarder les choses autrement. La propension naturelle au réveil est de traiter les images oniriques avec les repères connus, alors que c'est précisément ce qu'il faut éviter pour accéder au message de l'inconscient[149]. C'est l'expérience du travail avec le rêve qui permet de dépasser cette tendance.

148. Jung, *Psychologie de l'inconscient,* Lausanne, Éditions Georg (Collection Le livre de poche, références), 1993, p. 55.
149. Nathan, *op. cit.*, 246 p.

Après l'avoir écrit, pour en élaborer le schéma, le considérer globalement et se demander de quoi il parle. Thurston insiste sur la valeur de l'exercice avant de procéder à un examen plus détaillé. C'est l'effort de s'en détacher pour le regarder en face, de l'extérieur et plus objectivement, qui permet d'y parvenir. C'est dire que les sentiments, déterminants du sens du rêve, sont temporairement mis de côté pour saisir l'action, le mouvement. Plus ils sont importants, plus cette distance s'impose pour percevoir l'ensemble, sinon ils voilent le regard plus objectif que le rêveur tente de porter sur son rêve. Il faut essayer le plus possible de le considérer comme s'il s'agissait d'un fait extérieur à soi, raconté par quelqu'un d'autre. Pour Delaney, cet effort de résumer le rêve en quelques mots permet de mettre en évidence les éléments majeurs, la poussée narrative et la structure du contenu.

Observés objectivement à cette étape-ci, les sentiments seront repris en se les réappropriant aux étapes subséquentes. Pour le moment, il faut les décrire en étant le plus neutre possible : *Comment évoluent-ils? Quelle est leur amplitude? Sur quel sentiment le rêve se termine-t-il?* Les sentiments du rêve sont parfois différents de ceux qui habitent la conscience au réveil, il importe de les distinguer : « *Les sentiments et les jugements du rêveur sur son expérience onirique fournissent des informations vitales qui affectent le sens qui sera donné au rêve*[150]. »

Cette première étape est donc principalement descriptive. Comme pour l'écriture du rêve, il faut s'abstenir d'interpréter. Au début, il est facile de se laisser prendre, excité par l'idée d'en trouver rapidement le sens. Procéder à la hâte peut se comparer à l'écoute sélective qui nous ferait perdre l'essentiel du propos d'un interlocuteur. Si les émotions, générées par ce cinéma intérieur, indisposent le rêveur au point de l'empêcher de procéder à l'exercice de synthèse, il s'agit tout simplement de prendre du recul pour y revenir un peu plus tard avec la distance nécessaire pour y par-

150.Delaney, *op. cit.*, p. 59.

venir. Ce n'est pas exceptionnel, à la suite d'un rêve troublant, d'éprouver le besoin de s'en détacher un peu plus pour en élaborer le schéma.

Gongloff insiste sur l'importance de s'en tenir à la globalité du rêve à la première étape de son exploration. Commencer par l'examen des symboles, normalement plus loin dans le processus, est plus consommateur de temps et moins efficace. Ils sont moins explicites et plus instables d'un rêve à l'autre que le thème ou le schéma du rêve. Ce dernier permet plus facilement de dégager l'essentiel du message et de faire le lien avec l'aspect concerné de sa vie éveillée[151]. Escamoter cette étape peut se comparer à entrer par la porte de service d'un édifice et errer dans un labyrinthe à la recherche du couloir principal pour le visiter. S'introduire par la porte centrale offre une vue d'ensemble et permet d'atteindre, de façon moins aléatoire, chacune des pièces.

Souvent, l'élaboration de plusieurs schémas s'impose pour en arriver à celui qui parle au rêveur, qui l'interpelle. Donc, si le premier n'inspire rien de valable pour faire des liens avec son contexte, en essayer un autre peut faire progresser la démarche. Peut-être faut-il tout simplement mettre l'accent ailleurs pour trouver plus de résonance[152]. À ce propos, Delaney suggère de partir des différents éléments du rêve : le rêveur, un personnage, un objet ou autre.

Pour développer l'habileté à élaborer un schéma du rêve, il peut être intéressant de s'entraîner à résumer en une seule phrase une nouvelle écrite ou télévisée, la trame d'un film, etc. Ces exercices sur des scènes extérieures à soi véhiculent moins d'émotions, et sont, par conséquent, plus favorables à renforcer cette capacité utile au travail éventuel avec ses rêves.

Il faut utiliser des termes généraux et non spécifiques pour être le plus neutre possible, sans s'éloigner de l'idée générale. Par exem-

151. Gongloff, *op. cit.*, p. 4.
152. Thurston, *op. cit.*, p. 83.

ple, plutôt que d'écrire : *une personne vit une séparation qui la rend triste*, écrire : *quelqu'un vit quelque chose qui l'attriste*; le deuxième énoncé étant plus neutre. Certaines personnes sont plus à l'aise à saisir des ensembles, alors que d'autres, plus analytiques, auront besoin d'un peu d'entraînement pour ne pas se perdre dans les détails.

Pour mieux illustrer cette étape, voici l'exemple d'un rêve personnel intitulé *Les patins roses* :

> « Je suis dans la cuisine avec mon conjoint, nous prenons le café en regardant dehors une scène qui se déroule dans la cour arrière. Deux jeunes garçons d'allure un peu rachitique tentent d'escalader un mur de pierre très haut et très abrupt. L'un d'eux fait une première tentative et retombe au sol. Inquiète, en plaçant ma main partiellement sur mon visage pour me protéger de ce que je vais voir, je dis à mon conjoint : *ils vont se tuer.* Le garçon qui a déjà essayé se reprend et fait une chute fatale. Je me réveille effrayée avec le souvenir du jeune garçon qui se fracasse le crâne au sol, deux jambes maigres pointées vers le haut, les pieds chaussés de patins roses. »
>
> ***Sensations ou sentiments dans le rêve :*** effrayée, cauchemar qui me réveille.
>
> ***Sensations ou sentiments au réveil :*** perturbée, inconfort important.

Au réveil, la sensation d'inconfort était telle que je n'arrivais pas à questionner ce rêve. J'ai dû prendre un peu de recul pour en faire le schéma.

- *Le schéma du rêve. Ce rêve parle de :*
  - quelqu'un qui tente de franchir un obstacle et qui s'y prend mal (à partir des jeunes garçons);

- quelqu'un qui observe quelque chose qui évolue mal (à partir de la rêveuse);
- quelque chose qui mène à la catastrophe (à partir de l'action).

Étape 2 : Les ponts avec son contexte

Ici est réintroduit le contexte du rêveur qui doit se réapproprier les sentiments du rêve et s'appuyer sur le schéma qu'il en a fait, pour être en mesure de créer des ponts avec sa vie éveillée.

Les sentiments servent à donner au rêve toute sa couleur pour en saisir l'atmosphère et le sens. Pour Elaine N. Aron : « *Les sentiments sont plus profonds que les idées et les faits qui les colorent orientent et embrouillent fréquemment. Une fois les sentiments établis, idées et faits sont faciles à cerner*[153] ». Leur intensité sert à attirer l'attention sur ce qui se vit plus profondément et cherche à atteindre la conscience. Ainsi, il se peut qu'une situation classée comme anodine, ou imperceptible à la conscience le jour, génère des émotions plus fortes dans le rêve. Il y a une partie plus profonde de soi qui veille et vient nous rappeler qu'escamoter ce qui n'est pas résolu peut être source d'un plus grand inconfort, de là l'importance de distinguer les sensations et sentiments à l'intérieur du rêve de ceux qui émergent de la pensée raisonnée au réveil.

Partant de ce qui précède, c'est-à-dire en considérant les schémas élaborés et les sentiments qui les accompagnent, se demander en quoi ce rêve correspond aux événements de sa vie éveillée. *Quel domaine de sa vie est concerné? Affectif, professionnel, familial, social ou spirituel? Ce rêve renvoie-t-il à sa façon générale d'être ou de se comporter?* Revoir les événements récents ou de la veille peut aider à faire ces liens, ou encore référer à ce qui nous habitait ou nous préoccupait au moment de l'endormissement, préalable-

153. E. N. Aron, *Ces gens qui ont peur d'avoir peur. Mieux comprendre l'hypersensibilité.* Montréal, Les Éditions de l'Homme, 2005, p. 210.

ment au glissement dans le sommeil. Si un postulat a été formulé la veille, il peut s'avérer éclairant.

Attention, ici l'essentiel n'est pas de savoir à quelle banque de données de sa vie quotidienne l'inconscient a puisé pour orchestrer sa mise en scène. Il s'agit surtout de comprendre quel message il a voulu transmettre à la conscience à travers ces images. Pour illustrer ce propos, imaginez un rêve exhibant la noyade d'une personne connue. Conclure que cette personne est là parce qu'elle a été croisée au supermarché la veille, et que la noyade s'explique peut-être par un court métrage sur le rafting vu à la télévision deux jours plus tôt serait réducteur. S'il est vrai que l'inconscient a puisé à ces événements de jour, ce cinéma intérieur est généralement porteur d'un sens beaucoup plus large, qui dépasse la juxtaposition d'éléments pris individuellement.

À cette étape-ci, les liens avec la vie éveillée se tissent en s'appuyant sur l'ensemble du rêve et non à partir du détail. L'examen plus poussé de la valeur symbolique des éléments pour en approfondir le sens, le visiter de l'intérieur, se fera à l'étape subséquente.

Il arrive qu'en élaborant le schéma, on se dise : *Cela ne me concerne plus, cela fait partie de mon passé*. Ne pas perdre de vue que les scènes du passé ont leur utilité, non pour nous y ramener, mais pour enrichir notre compréhension du présent. C'était le cas, au chapitre 3, de la jeune femme avec un rêve récurrent d'examen, rêve qui lui a permis de comprendre que de nouveaux défis réactivaient une insécurité comparable. Prenant conscience de la cause de son malaise, elle est parvenue à maîtriser la situation. Il est fréquent qu'en atelier on exprime être étonné de rêver encore de son ex-conjoint, de l'emploi quitté depuis longtemps, etc. Se souvenir que le rêve défie le temps pour emprunter au passé et au futur, et que ces pirouettes dans le temps ont leur raison d'être. Ce n'est pas une faiblesse du rêve, au contraire, c'est une force!

Cette étape pointe donc dans la direction de ce qui devrait alimenter la réflexion. Il est possible que, déjà, surtout si le rêve est concis, le rêveur se sente investi de l'énergie pour passer à l'action, pour amorcer le changement suggéré.

Partant des schémas retenus pour l'exemple utilisé à l'étape 1, se demander : **En quoi ce rêve correspond-il aux événements de sa vie éveillée?**

RAPPEL DES SCHÉMAS

- Quelqu'un qui tente de franchir un obstacle et qui s'y prend mal;
- Quelqu'un qui observe quelque chose qui évolue mal;
- Quelque chose qui mène à la catastrophe.

Pour ce rêve, compte tenu de la force des sentiments à l'intérieur de celui-ci et au réveil, me donner un temps de recul m'a permis de mieux percevoir les liens avec mon contexte. J'avais la responsabilité d'un dossier pour lequel je devais interpeller mes supérieurs hiérarchiques si je voulais le faire progresser normalement. Cependant, j'hésitais, sensible à la charge évidente de travail qui leur incombait, préoccupée de ne pas en rajouter, et la peur de déranger. Le rêve m'indiquait que cette réserve me conduirait à l'échec si je ne révisais pas mon approche. Dans sa sagesse, mon inconscient me parlait de cette situation. La résonance était forte et j'étais soulagée, je pouvais enfin respirer parce que je comprenais la raison de mon malaise. L'exploration de ce rêve aurait pu se terminer là. Cependant, poursuivre à la troisième étape m'a permis de faire porter plus loin ma réflexion sur le malaise qui m'habitait, sur sa cause et les actions pour y remédier.

Étape 3 : L'examen des éléments du rêve

Guidée par le schéma du rêve et les sentiments qui l'accompagnent, après avoir tenté plus globalement d'établir des ponts avec son contexte, l'exploration plus en profondeur de quelques éléments peut s'avérer éclairante. Il s'agit de se concentrer sur celui ou ceux qui attirent l'attention, en partant du plus éloquent. De cette façon, si le rêve est assez long, il est possible d'en saisir le message sans l'obligation de passer en revue tous les symboles. Sinon, l'exercice peut devenir très laborieux et décourager l'apprivoisement du langage du rêve, créant l'impression d'une corvée plutôt que d'une activité ludique captivante.

Retenir que procéder aléatoirement à l'exploration de symboles, sans avoir franchi les étapes précédentes, peut nous faire perdre plus de temps que d'en gagner. En questionnant quelques éléments, personnages, animaux, objets ou autres, il est important de toujours chercher le sens pour soi. Dans sa technique de l'interview, Delaney propose que le rêveur donne un sens à l'élément à explorer comme s'il l'expliquait à un très jeune enfant ou à un extraterrestre, comme s'il lui fallait partir de zéro. Partant de ce qui émerge spontanément, il doit préciser simplement et en peu de mots le sens accordé au symbole.

Par exemple, pour expliquer la signification d'un personnage, dirigeant de compagnie dans le rêve, l'exercice de précision pourrait conduire à ce qui suit. **Il s'agit de quelqu'un :**

- qui décide de tout et qui est un peu dictateur;
- qui est inatteignable et n'a pas de temps pour les autres;
- qui est brillant;
- qui a travaillé fort pour en arriver là;
- etc.

Cet exemple met en évidence que la nature des associations varie en fonction de l'expérience de chacun. Faire preuve d'ouverture et de souplesse. Plus près de la réalité, certains rêves ne requièrent pas de s'attarder aux symboles quasi absents, d'ailleurs. Cependant, en raison de la capacité extraordinaire de l'inconscient à traiter simultanément plusieurs informations, en considérer quelques-uns s'avère souvent profitable et très satisfaisant pour le rêveur.

Comme le citent Labonté et Bornemisza : « *Il faut du temps pour apprendre le chinois! Mais c'est cela qui nous ouvre la porte de notre caverne d'Ali Baba intérieure*[154] ». Il va sans dire qu'avec l'entraînement, ce dialogue engagé avec les scènes oniriques prend la forme d'une activité ludique captivante.

Pour le rêve présenté en exemple, après avoir établi les liens avec mon dossier professionnel, je me suis attardée à définir à quoi référaient pour moi les symboles suivants : les *patins roses* et les *jeunes garçons d'allure un peu rachitique.* En commençant par l'image des patins roses qui m'a le plus marquée dans ce rêve, voici ce qui en est ressorti :

- *Les patins roses*

  Évoluer en arabesques plutôt que directement. Patins de fille. Rose de surcroît : fantaisie, gracieuseté et douceur.

- *Les jeunes garçons d'allure un peu rachitique*

  Manquer de tonus. Malgré la force de leur jeune âge, ils étaient trop intellectuels et pas assez athlétiques. Dans ma vie éveillée, ils m'étaient connus comme réservés et timides, peu portés vers le sport.

Avec l'intensité des émotions qui les accompagnaient, ces images m'ont fait comprendre que je devais m'y prendre autrement avec ce dossier. Je devais habiller mon costume de fonceuse plutôt que d'intellectuelle, y aller de façon plus musclée. Accepter de déranger pour faire bouger les choses. La métaphore des patins roses qui arrivait plus tard sur la scène de rêve renforçait cette idée. Je ne portais pas les chaussures appropriées pour aller droit au but

---

154. Labonté et Bornemisza, *op. cit.*, p. 157.

et relever ce défi. Ces images m'ont provoquée pour m'obliger à réviser ma stratégie, c'est pourquoi elles m'ont tant secouée.

C'est ainsi qu'en dépliant le rêve pour en faire un examen plus poussé, certains éléments peuvent permettre d'approfondir le sens de ce que l'on vit, d'en saisir la cause et de trouver des solutions pour aller de l'avant.

Étape 4 : La validation du message

Dernière étape du processus, la validation du sens du rêve s'inscrit en préalable à l'action à laquelle est convié le rêveur. C'est dans la reconnaissance du sens du rêve, qui monte en lui, que le rêveur puise sa motivation pour passer à l'étape d'intégration de ce qu'il vient d'apprendre. Pour Nathan, le rêve est une invitation à se projeter dans le futur. En en faisant l'interprétation, c'est comme si on lui donnait des jambes pour le tirer du sommeil et le lancer dans le monde extérieur[155]. C'est dire que, pour s'élancer, le rêveur doit s'appuyer sur une information qui résonne pour lui.

Beaucoup plus succincte, cette étape repose sur la force du lien ressenti. Le rêveur doit sentir monter cette résonance en lui. En général, il en éprouve une grande satisfaction, un soulagement et une poussée d'énergie le motivant à l'action. Il a le sentiment de reprendre du pouvoir sur la situation qui l'habite, à l'origine du rêve. Cette sensation de reconnaître quelque chose est comparable à ce qui se passe lorsque, dans le brouillard, en partageant une préoccupation avec quelqu'un d'autre, émerge spontanément de l'intérieur le sens de ce que nous vivons. C'est cette reconnaissance de ce qui se vit plus profondément en soi qui nous fait conclure en notre for intérieur : *« C'est ça, je le sens, je le savais bien, mais je n'arrivais pas à mettre le doigt dessus, à y toucher! »*

155.Nathan, *op. cit.*, 249 p.

Les premiers exercices d'exploration conduisent rapidement à l'émerveillement quant à la justesse du rêve. Ils nous laissent pantois. Ce qui semblait appartenir à la fantaisie, sans fondement, s'avère beaucoup plus subtil et intelligent que nous le soupçonnions. Aucun interlocuteur externe ne pourra égaler la capacité, la finesse et l'honnêteté avec lesquelles l'inconscient nous interpelle au moment opportun. Renforcé par ces premières réponses, le désir de poursuivre s'éveille. L'impression de ne pas y arriver, de tourner en rond qui accompagne les premières explorations s'estompe pour faire place à de plus en plus de satisfaction. Cependant, on ne doit pas forcer le sens du rêve. Mieux vaut rester sur une interrogation que de lui imposer une signification qui ne vibre pas en soi, sachant que d'autres rêves ou événements de jour viendront nous éclairer.

Dans le cas du rêve utilisé en exemple ici, le sentiment d'avoir enfin compris et de voir se dessiner une stratégie de résolution au problème exposé me donnait des ailes. Quelques jours plus tard, enrichie de ce regard nouveau, je m'y suis prise autrement et le dossier a trouvé une issue satisfaisante auprès des directeurs qui devaient le porter plus haut.

Il y a consensus des experts du domaine voulant que si, fréquemment, le rêve nous ébranle et nous apparaît d'abord sombre, en contrepartie, il laisse souvent se profiler des éléments de solution. Pour en profiter pleinement, il faut accueillir toutes les mises en scène sans égard aux apparences.

Des exemples d'application

Des trois exemples qui ont pour but de rendre plus explicite la stratégie proposée, le dernier illustre plus particulièrement comment procéder avec un rêve plus long, sans s'égarer dans le va-et-vient des mouvements du rêve.

Exemple 1 - Le rêve d'une directrice d'entreprise

Titre : Têtes de bébés

« Je suis en réunion avec mes employés, ils font bondir au sol des têtes de bébés, ils driblent avec elles comme s'il s'agissait de ballons. Je suis profondément agacée, voire blessée, par ce comportement. Surtout que, dans mon rêve, je me souviens qu'une employée a réellement perdu son bébé. »

Sensations ou sentiments dans le rêve *:* peine, je me sens mal. Intriguée au réveil.

Sensations ou sentiments au réveil *:* intriguée.

- *Le schéma du rêve. Ce rêve parle de :*
  - quelqu'un de choqué par le comportement de quelqu'un (s) d'autre (s) (à partir de la rêveuse);
  - quelque chose qui n'est pas traité avec le sérieux voulu (à partir de la situation);
  - quelques-uns qui ne répondent pas aux attentes de quelqu'un d'autre (à partir des employés).

- *Les ponts avec son contexte. En quoi ce rêve correspond-il aux événements de sa vie éveillée?*

Ici, le premier schéma a permis à la rêveuse d'établir un lien avec son contexte, alors qu'une personne de son entourage avait perdu son bébé, et qu'elle en était touchée. Néanmoins, elle avait un doute, elle sentait qu'elle n'y était pas tout à fait. Cela ne résonnait pas suffisamment en elle, elle sentait que ce rêve voulait dire autre chose.

- *L'examen des éléments du rêve*

Intéressée à poursuivre plus loin son exploration, la rêveuse a retenu les deux symboles suivants : *têtes de bébés*, élément le plus percutant pour elle, et l'action de *dribler* avec celles-ci. Dans l'ordre qu'elle s'était donné, elle a expliqué simplement ce que signifiaient ces éléments pour elle :

- *Têtes de bébés*

  Quelque chose qui ne peut pas vivre, dépourvu de corps et de membres.

- *Dribler*

  Jouer, faire du surplace.

Appuyée de ces associations, la rêveuse a pu se demander s'il y avait, dans son contexte, quelque chose qui ne vivait pas, qui n'arrivait pas à se réaliser. Dès lors, le lien avec sa vie professionnelle est devenu évident. Elle attendait de son équipe la proposition de projets, d'idées novatrices dont elle avait besoin pour faire progresser l'entreprise qu'elle dirigeait sur un marché compétitif. Elle avait le sentiment de piétiner, de faire du surplace (dribler). S'attardant à ces symboles, elle a réalisé l'irritation que créait chez elle la proposition de projets sans considération pour leur faisabilité. Les idées qu'on lui avait soumises jusque-là étaient trop conceptuelles (dans la tête) et n'allaient pas survivre et prendre forme dans la réalité de l'entreprise (dépourvues de membres pour avancer).

- *La validation du message*

Cette fois, la rêveuse savait qu'elle y était et s'est sentie soulagée au terme de la démarche d'exploration. Elle a pu prendre conscience de la tension créée en elle par cette situation, et également du bien-fondé, comme gestionnaire, d'exiger que les projets proposés s'accompagnent de stratégies concrètes de réalisation. De plus, elle a été impressionnée, ravie par la finesse et l'exactitude du rêve à exposer ce qui l'habitait plus profondément.

Exemple 2 - Le rêve d'une personne à la retraite

Titre : Aventure

> « Je suis au lit avec Julien, un administrateur avec lequel je travaille, et je suis très heureuse. »
>
> ***Sensations ou sentiments dans le rêve*** : *bien-être, heureuse.*
>
> ***Sensations ou sentiments au réveil*** : *très inconfortable, embarrassée.*

Le jugeant avec sa pensée rationnelle au réveil, la rêveuse trouva ce rêve quelque peu déplacé. Inconfortable, elle devait faire des efforts pour ne pas lui tourner le dos.

- *Le schéma du rêve. Ce rêve parle de :*
  - quelqu'un qui vit une situation agréable avec quelqu'un d'autre (à partir de la rêveuse);
  - quelqu'un qui se rapproche de quelqu'un d'autre (à partir de la rêveuse);
  - quelque chose d'heureux (à partir de la situation).

- *Les ponts avec son contexte. En quoi ce rêve correspond-il aux événements de sa vie éveillée?*

Malgré les synthèses formulées, la rêveuse s'interrogeait encore, ayant du mal à se soustraire à l'emprise de la pensée logique qui l'invitait plutôt à écarter ce rêve. Bien que le schéma soit clair, il fallait y jeter un regard nouveau, l'envisager autrement, afin de comprendre ce qui se dessinait en filigrane. Le défi était accentué par des sentiments opposés à ceux de l'éveil. La rêveuse connaissait Julien dans sa vie diurne et n'éprouvait pas d'attirance physique pour lui. C'était un jeune homme pour qui elle avait travaillé dans le passé, et avec lequel elle avait eu une collaboration professionnelle plus que satisfaisante.

- *L'examen des éléments du rêve*

Dans ce cas-ci, l'exploration d'un élément en particulier a permis à la rêveuse de voir autre chose, de dépasser le premier niveau dont elle ne parvenait pas à s'extraire. Pour ce faire, elle a retenu le personnage de *Julien*. De son point de vue, qu'est-ce qui le caractérisait?

- *Julien*

Intelligence, créativité, dynamisme et détermination.

Comprenant mieux que le personnage de Julien était une projection d'elle-même, l'exercice a fait ressortir avec évidence des qualités que cette rêveuse souhaitait développer pour elle-même, étreindre.

- *La validation du message*

La gêne et l'inconfort ont rapidement fait place au soulagement et à de la gratitude pour ce rêve. Renforcée par ce message, la rêveuse a décidé de s'intégrer à un groupe de peinture pour honorer un talent artistique qu'elle étouffait depuis longtemps et qui ne demandait qu'à s'exprimer, talent réprimé par la peur de ne pas être à la hauteur et par la timidité.

Ce rêve illustre bien comment une lecture au premier degré peut induire en erreur. Comme le souligne Hamel : « *[p]lusieurs personnes croient à tort que ce qu'elles pensent du rêve au réveil en est l'interprétation. Or, c'est souvent simplement le produit de nos défenses ou de notre ego conscient*[156] ». Se rappeler qu'à travers les scènes oniriques, l'inconscient nous entretient de ce que nous ne connaissons pas déjà.

---

156. Hamel, *op. cit.*, p. 72.

Exemple 3 - Le rêve d'une personne qui se sent dans une impasse

Il s'agit ici d'un long rêve illustrant comment, découpé en tableaux distincts, il est plus facile d'explorer globalement et de manière organisée des mises en scène parfois très élaborées. En réalisant successivement le schéma de chacun des scénarios comme on le ferait avec une série de rêves, il est possible de dégager ce qui leur est commun. Cette stratégie rend souvent plus évidente la répétition d'un message qui se renforce d'une scène à l'autre, se complète ou se précise. En poussant un peu plus loin l'exercice par la synthèse des schémas réalisés pour chacun des tableaux, le sens s'impose parfois de lui-même.

Titre : Apparences trompeuses

Tableau1 : « Une amie m'indique de nombreuses perles sur le tapis de la pièce dans laquelle je suis. Je ramasse d'abord les perles que je vois et, en poursuivant ma recherche, y regardant de plus près, au moment où je crois les avoir complètement ramassées, j'en découvre plusieurs avec des formes et textures différentes. Je suis agréablement surprise. »

Tableau 2 : « Je me vois à l'extérieur d'une bâtisse en pierre, édifice qui ne paie pas vraiment de mine, qui passe inaperçu. J'explique à d'autres personnes les merveilleux produits que j'y ai trouvés : pierres, bois et autres objets précieux. C'est très beau, je suis émerveillée alors que, de l'extérieur, cela ne se voit pas. »

Tableau 3 : « Je me vois travailler sur un carton promotionnel avec photo que je veux aller déposer dans un lieu public bien précis. Je sens que je m'habitue à la publicité qui me repousse en général, mais que je dois rationaliser les efforts que j'y mets et user de créativité. Je descends sur un campus que je dois traverser pour aller sur le terrain de l'immeuble en face. Je m'engage sur le trottoir et constate que je suis suivie par un petit homme étrange, ressemblant au spécialiste qui traitait de l'épidémie de la grippe A (H1N1) à la télévision. Je suis dérangée par cet homme et je tente de lui échapper en entrant dans un pavillon à ma gauche. Je me retrouve dans un grand espace où ça circule beaucoup. Je m'avance vers le préposé au poste de contrôle pour lui dire que je suis suivie, ce qui le laisse indifférent. Il ajoute que d'autres filles ont vécu cela, sans plus. Je me sens rassurée. »

Sensations ou sentiments dans le rêve : alternance doute et assurance et, à la fin, rassurée.

Sensations ou sentiments au réveil : intriguée.

Le schéma du rêve

TABLEAU 1

- *Ce rêve parle de :*
  - quelqu'un qui voit partiellement l'abondance à ses pieds (à partir de la rêveuse);
  - quelqu'un qui indique à quelqu'un d'autre l'abondance à ses pieds (à partir de l'amie);
  - quelque chose qui abrite des valeurs insoupçonnées (à partir du tapis).

TABLEAU 2

- *Ce rêve parle de :*
  - quelqu'un qui est surpris de voir la beauté qui émerge de quelque chose de terne (à partir de la rêveuse);
  - quelque chose qui abrite des valeurs insoupçonnées (à partir de l'édifice en pierre).

TABLEAU 3

- *Ce rêve parle de :*
  - quelqu'un qui est ralenti dans son projet par une peur non fondée (à partir de la rêveuse);
  - quelque chose qui présente des difficultés plus faciles à surmonter qu'il ne le paraît (à partir de la situation).

ENSEMBLE DES TABLEAUX

- *Ces rêves parlent de :*
  - quelqu'un qui parvient à déjouer des apparences trompeuses (à partir de la rêveuse);
  - d'apparences trompeuses qui cachent de vraies valeurs (à partir de la situation).

- *Les ponts avec son contexte. En quoi ce rêve correspond-il aux événements de sa vie éveillée?*

Ici, en replongeant dans les scènes de rêve pour se les réapproprier, la rêveuse a pu percevoir un sentiment général de doute. De plus, ces scènes avaient en commun d'exhiber des apparences souvent trompeuses, incitant la rêveuse à établir un lien avec une inquiétude concernant sa vie professionnelle. Elle s'investissait avec beaucoup d'intérêt dans un projet qui lui tenait à cœur, et comprit qu'un doute persistant sur ses compétences lui prenait beaucoup d'énergie, trop d'énergie.

- *L'examen des éléments du rêve*

L'ensemble des tableaux attirait l'attention de la rêveuse sur le doute et des apparences souvent trompeuses. Plus spécifiquement, le premier tableau l'encourageait à apprécier toute la valeur derrière son investissement, son travail, et le deuxième renforçait l'idée de ne pas se fier aux apparences, mais plutôt de considérer plus en profondeur ce qui était. Cependant, le troisième en ajoutait, avec le sentiment d'être poursuivie. Pour mieux saisir de quoi il s'agissait, la rêveuse a donc exploré les éléments suivants : *petit homme étrange*, *grippe A (H1N1)* et *préposé au poste de contrôle.*

- *Petit homme étrange*

  Quelque chose d'inconnu, quelque chose qui peut faire peur.

- *Grippe A (H1N1)*

  Épidémie, quelque chose d'envahissant, plus de peur que de mal.

- *Préposé au poste de contrôle*

  Quelqu'un de protecteur, qui veille à ce que tout se passe bien.

L'examen plus poussé de ces éléments lui a permis de faire ressortir le côté envahissant de ce sentiment de doute sur sa compétence, malgré l'assurance dont elle essayait de faire preuve pour mener son projet à terme. Perçue comme étrangère (petit homme étrange), cette compétence était sienne. Le doute, à l'instar d'une épidémie, était envahissant et, comme la grippe A (H1N1)[157], créait plus de peur que de mal. La partie d'elle-même projetée dans le préposé à la sécurité, au poste de contrôle, lui renvoyait qu'il n'y avait pas matière à s'inquiéter, elle pouvait relever ce défi sans problème. Ainsi, par une approche séquentielle, elle a pu, sans s'y perdre, toucher le sens de ce rêve très bavard.

- *La validation du message*

En plus de mieux comprendre ce que ces mises en scène tentaient à répétition de lui communiquer, la rêveuse a appris sur l'attitude qu'elle devait désormais adopter pour la suite du projet. Ce rêve l'invitait à se recentrer sur ses forces plutôt que de perdre temps et énergie avec le doute qui la ralentissait dans sa progres-

157. Nouvelle souche d'influenza, nommé « grippe porcine » puis « grippe A(H1N1) », qui a infecté un nombre important de personnes en 2009 et qui a fait la manchette dans les médias.

sion. Soulagée, elle a ressenti le goût de passer à l'action avec une détermination et une assurance décuplées. Non seulement elle comprenait, mais elle sentait ce qu'il fallait faire.

Cela peut sembler un peu compliqué, mais en s'y mettant, c'est toujours renversant de constater comment ces scènes successives concourent mutuellement à clarifier le message. Nathan suggère, à ce propos : « *[que d]'un certain point de vue, on pourrait même dire que la plupart des rêves d'une même nuit sont un seul et même rêve, tentatives toujours recommencées de parvenir au récit le plus cohérent, celui d'une réalité possible*[158] ». Avec ces longs rêves qui créent l'impression d'une juxtaposition de scènes hétéroclites, cette stratégie s'avère souvent efficace. L'expérience en ateliers d'exploration laisse le plus souvent les participants étonnés et admiratifs quant à la logique insoupçonnée du rêve. Ce passage d'une scène à l'autre cache un caractère moins aléatoire qu'il ne le paraît.

Un tableau synthèse pour l'utilisation de la démarche est présenté à la fin de ce chapitre.

Des conditions pour assurer l'efficacité de la démarche d'exploration

Pour être efficace et enrichissante, la démarche doit respecter certaines conditions. Étant donné les pièges qui guettent le rêveur qui s'initie au travail avec le rêve, elles sont regroupées ci-dessous. Certaines ont déjà été évoquées à travers la présentation de la démarche et sont reprises pour être plus explicites. Ces conditions concernent la discipline et la persévérance, la rigueur, l'ouverture, la confiance en soi et, dans le rêve, l'acceptation de ne pas trouver à tout prix, le risque de s'en remettre systématiquement à l'autre et, finalement, le besoin de faire agir en synergie les pensées intuitives et rationnelles pour explorer toutes les facettes du rêve.

158.Nathan, *op. cit.*, p. 149.

FAIRE PREUVE DE DISCIPLINE ET DE PERSÉVÉRANCE

Comme pour l'écriture des rêves dans un journal, une certaine discipline s'impose. Trouver son rythme et le maintenir. Vouloir explorer tous ses rêves, surtout pour quelqu'un qui a de la facilité à s'en souvenir, peut être très exigeant, voire non réaliste. À l'instar d'un régime alimentaire ou d'un programme d'entraînement physique, il faut trouver l'intensité et le rythme à sa mesure pour maintenir l'intérêt, sinon le risque d'abandon est élevé. Se prêter à l'exercice une ou deux fois par semaine peut convenir à certains alors que pour d'autres, une ou deux fois par mois serait plus approprié. Si le rêve sert à guider l'action pour évoluer vers une plus grande harmonie, il doit nourrir la vie éveillée, et non s'y substituer.

La constance raffine l'habileté d'exploration. Elle permet de mieux percevoir sa propre évolution en s'appuyant sur plusieurs rêves étalés dans le temps. C'est un peu prendre les nouvelles sur soi en continu, plutôt que de se limiter à un bulletin d'informations à l'occasion. Il arrive que l'avidité pour des réponses immédiates en décourage quelques-uns, leur laissant l'impression de tourner en rond. L'inconscient livre progressivement ce qu'il a à dire. En relisant quelques rêves ou les messages qui en découlent, presque inévitablement, malgré la stagnation apparente, un mouvement se dessine et met en évidence une évolution discrète, une intégration et une transformation plus en profondeur.

Pour illustrer ce qui précède, voici le commentaire d'une rêveuse : « *Chaque fois que je m'inquiétais pour mon fils dans mon rêve, je m'affolais, j'avais peur qu'il lui arrive quelque chose de grave si je ne m'en occupais pas.* » Portant plus d'attention à l'évolution de ses rêves, elle a pu constater, à sa grande satisfaction, que les plus récents l'invitaient de manière plus explicite à lâcher prise, et qu'elle y parvenait mieux. Ils n'exposaient pas un changement spectaculaire, mais une transformation plus subtile et plus prometteuse à long terme.

En deuil de son conjoint décédé, une autre rêveuse avait le sentiment de tourner en rond avec des rêves de grands espaces vides où le blanc dominait la plupart du temps. Plus tard, en relisant son journal, elle a été surprise de constater à quel point ces rêves l'accompagnaient dans son processus de deuil, son passage à autre chose. Après une certaine période, son conjoint s'est mis à être plus présent sur la scène onirique, non pas comme quelqu'un de décédé avec qui elle cherchait désespérément à communiquer, mais comme un acteur bien vivant. Comme si l'espace, l'apparence de vide sur cette scène virtuelle, l'avait aidée à dépasser cette étape du deuil pour renaître à la vie pour elle-même, sans attendre de l'autre une présence qu'il ne pouvait plus assumer.

FAIRE PREUVE DE RIGUEUR

Se souvenir que le langage onirique est la plupart du temps symbolique. Interprété au premier niveau, il peut égarer le rêveur. C'est un réflexe, au début, de s'en remettre naturellement à la langue qui nous est plus habituelle. Nous avons tous cette tendance à considérer les éléments du rêve, personnes, animaux, objets, situations, etc., pour ce qu'ils sont dans la réalité, plutôt que pour ce qu'ils symbolisent. Pour se défaire de cette habitude bien ancrée, il faut se donner la peine de se demander plus systématiquement ce qui se profile derrière. Si l'exercice impose une discipline plus importante au départ, il devient plus naturel avec le temps.

FAIRE PREUVE D'OUVERTURE

Se méfier du jugement spontané qui nous incite à balayer le rêve du revers de la main en raison de son allure fantaisiste, extravagante, sans nous donner la peine de poursuivre plus loin la réflexion. Nous pouvons également éprouver une certaine répulsion pour des scènes perturbantes, menaçantes ou choquantes en oubliant que l'inconscient exagère souvent pour ébranler la conscience éveillée, faire cheminer son message.

Il faut également se garder d'interpréter le rêve à la faveur de l'ego, de n'y voir que des aspects positifs. L'inconscient, pour nous éclairer nuit après nuit, expose nos aspects sombres et lumineux. Les aspects sombres tendent même à dominer, étant plus occultés le jour par la conscience éveillée qui tend à les rejeter, les contenir dans l'ombre. Pour Jung, l'exercice qui attribue au rêve ce que l'esprit conscient attend de lui est futile, il doit plutôt ouvrir sur l'inconnu qu'il cherche à dévoiler au rêveur pour le faire évoluer[159]. C'est dire que faire fi de cette prudence peut nous éloigner des vérités que nous avons à apprendre sur nous-mêmes pour progresser. Il faut prendre le risque d'aller à la rencontre de soi pour évoluer. Il faut s'abandonner et accepter ainsi de faire face à l'inconnu, à ce que la conscience éveillée n'a pas déjà imaginé : « *Il faut expérimenter sans aucun* préconçu. *C'est cette expérimentation qui transforme l'humain et le fait entrer dans sa véritable dimension : la révélation de la lumière emprisonnée dans la matière*[160]. »

Il importe donc de faire preuve d'une grande honnêteté pour échapper à la tentation de projeter sur le rêve ce que la conscience éveillée croit savoir d'elle-même[161]. N'y voir que le positif de lui-même devrait inviter le rêveur à se questionner sur son ouverture à se découvrir tel qu'il est, sans y projeter ce qu'il désire être.

Se faire confiance et faire confiance au rêve

Puisque le rêve habille caractères et mises en scène originales, un certain effort est requis pour accéder à ce langage étranger à notre cerveau rationnel. Il est possible d'y parvenir, il s'agit de se faire confiance. Il ne se consomme pas sur le coin d'une table, comme on a souvent tendance à le faire pour moultes activités réali-

---

159. Jung, *Les racines de la conscience, op. cit.*, 706 p.
160. J.-P. Brebion, *L'empreinte de l'âme. Psychologie de l'âme*, Aubagne, Éditions Quintessence (Collection Ressources et Santé), 2007, p. 207 et 230.
161. Fluchaire, *op. cit.* p. 246.

sées au rythme effréné de notre société. Il faut se donner le temps de prendre son temps.

Il arrive que des personnes se sentent trahies par un rêve, lui reprochant de les avoir induites en erreur. Il est important de se fier à ce qui résonne en soi, sans en forcer le sens, et passer à l'action d'une manière impulsive. Pour Jung, chaque interprétation est une tentative, une hypothèse pour essayer de comprendre. Bien que son langage soit parfois impénétrable, le rêve n'use pas de manœuvre ou d'astuce pour égarer le rêveur : « *Si nous nous sommes trompés dans une interprétation, ou si elle est restée incomplète, nous pouvons, le cas échéant, nous en apercevoir dès le rêve suivant*[162]. »

ACCEPTER DE NE PAS TROUVER À TOUT PRIX

Même si elle ne parvient pas systématiquement à un sens qui résonne en soi, la démarche contribue à nous faire progresser en raison de la réflexion et de l'introspection qu'elle génère. Labonté et Bornemiszia précisent que *« même un rêve incompris peut nous aider si nous l'accueillons avec respect, si nous l'écrivons, si nous le racontons et si nous méditons son message pendant quelque temps*[163] ». C'est dire que le processus est valable, même si le sens du rêve n'émerge pas de manière explicite.

Souvent porteur de plusieurs sens, il arrive assez fréquemment que celui qui vibre profondément en soi, au premier examen que nous en faisons, s'enrichisse et s'applique à une autre dimension de notre vie au moment où nous le revisitons. Ce n'est pas dire que le rêve est une illusion qui prend le sens qu'on veut bien lui donner. C'est plutôt l'illustration de toute sa souplesse, de sa capacité à traiter plusieurs situations simultanément pour nous faire comprendre et apprendre. Selon Thurston : « *[c]es sens multiples ne se contrediront pas les uns les autres; ils commenteront diverses parties de votre vie*[164] ».

162.Jung, *L'âme et la vie, op. cit.*, p. 89 et 91.
163.Labonté et Bornemisza, *op. cit.*, p. 164.

Éviter de s'en remettre systématiquement à l'autre

Il importe de garder en tête que, pour lire en soi, il n'y a pas mieux que soi. L'autre ira de sa perception, c'est-à-dire de ce que le rêve lui suggère et de ce qu'il fait résonner en lui. C'est le rapport au rêve qui distingue le rêveur de l'interprète. Le rêveur tente de faire monter à la conscience le sens qu'il porte déjà en lui, alors que l'interprète, de l'extérieur, tente de lui donner un sens. Ullman exprime l'idée que notre éducation nous a appris à chercher auprès de sources autoritaires, extérieures à nous, la clé pour comprendre les images du rêve, alors que nous sommes les seuls à pouvoir expliquer le choix de ces images : « *Tout ce que quelqu'un peut faire de l'extérieur, c'est de suggérer quelques idées qui peuvent ou non correspondre à la signification des images pour nous*[165]. »

Cela n'exclut évidemment pas de recourir à un expert à l'occasion, à un professionnel qui a la compétence pour intervenir, averti du risque de se projeter dans le rêve de l'autre et habileté à l'aider.

Faire agir en synergie les pensées intuitives et rationnelles

Faire interagir intuition et raison pour éviter un exercice strictement intuitif sans le soutien de la réflexion ou, à l'inverse strictement intellectuel et détaché du ressenti. S'en remettre exclusivement à l'une ou l'autre risque d'éloigner du sens du rêve.

À ce propos, Christine Angelard souligne l'importance de cette petite structure anatomique, appelée corps calleux, qui sert de pont entre les deux hémisphères cérébraux. Elle concourt à un certain équilibre entre les fonctions de nature intuitive et rationnelle qui y logent de part et d'autre. Une circulation plus fluide de l'une à l'autre permet de trouver en soi plus grand que soi[166]. Ces fonc-

164. Thurston, *op. cit.*, p. 70.
165. Ullman et Zimmerman, *op. cit.*, p. 57.
166. C. Angelard, *La médecine soigne, l'amour guérit. Comment la maladie nous révèle à nous-même*, Anjou, Les Éditions Fides, 2010, 157 p.

tions doivent s'interpénétrer pour multiplier la valeur de l'exercice d'exploration du rêve.

Au-delà de la démarche présentée dans ce chapitre, pousser plus loin l'exercice par une exploration encore plus exhaustive les éléments du rêve peut ajouter à l'information. Pour le lecteur qui le souhaite, le dernier chapitre expose quelques stratégies complémentaires d'exploration.

TABLEAU SYNTHÈSE D'EXPLORATION D'UN RÊVE
TITRE DU RÊVE :
Narration : Sensations ou sentiments dans le rêve : Sensations ou sentiments au réveil :
ÉTAPE 1 : Le schéma du rêve - objectivement, la synthèse des faits et l'évolution des sentiments
ÉTAPE 2 : Les ponts avec son contexte - globalement
ÉTAPE 3 : L'examen des éléments du rêve
ÉTAPE 4 : La validation du message Le message : L'action en découlant :

CHAPITRE 6

L'exploration du rêve en groupe

« La plupart des hommes ont besoin d'un vis-à-vis sinon leur expérience psychique vécue manque de base et de réalité. L'homme ne "s'entend" pas; seul, il ne peut se distinguer de ce qui lui est extérieur, et ne peut donc se contrôler. »

C. G. JUNG

L'analyse du rêve avec les pairs présente des intérêts bien documentés dans la littérature. Ce chapitre traite de la pertinence et des avantages de ces groupes d'étude de rêves, de leur fonctionnement, de quelques indications pour faire le choix d'un groupe en particulier et du processus d'exploration comme tel.

PERTINENCE ET AVANTAGES DES GROUPES D'EXPLORATION

Ces groupes ne sont pas un fait nouveau. Ils existent depuis très longtemps dans certaines cultures plus axées sur le développement intérieur de l'homme. Plus près de nous, des experts en reconnaissent la pertinence dans un contexte qui ne les limite pas exclusivement à la relation thérapeute-client.

La pertinence

Se référant à l'hésitation du rêveur quant à la pertinence de tels groupes, Ullman a écrit : « *[—] on pourrait se demander à quoi sert d'introduire d'autres personnes dans le monde de nos rêves. Les rêves sont, après tout, une expression personnelle, et si nous n'avons pas l'intention d'en discuter avec un spécialiste, pourquoi faire appel à quelqu'un d'autre?*[167] ». Pour lui, le rôle du groupe d'exploration est comparable à celui d'une sage-femme. Il stimule, provoque la naissance du sens du rêve pour le rêveur, sans aucune autorité sur ce qu'en fera ce dernier, seul responsable de sa destinée. Loin de banaliser l'intimité du rêve, il insiste plutôt sur la valeur ajoutée du groupe pour en faciliter l'exploration. À l'instar d'Ullman, Delaney encourage le partage du rêve avec les pairs, prenant soin d'énoncer certaines conditions essentielles à l'efficacité et au déroulement du processus, dans le respect de chacun.

Ces deux auteurs marquent bien la différence entre la psychothérapie de groupe et l'exploration du rêve avec les pairs dont il est question ici. « *Une psychothérapie implique la notion d'un expert ou d'un spécialiste, formé selon certaines théories et rompu à certaines techniques, et dont le but est d'aider les gens qui ont des difficultés émotionnelles*[168]. » En psychothérapie, le thérapeute s'inscrit en maître d'œuvre et pose certaines exigences au rêveur, patient ou client, pour l'amener plus loin. Dans les groupes d'exploration, à l'extérieur de la dyade thérapeute-patient, l'opinion du rêveur prévaut sur celle de l'expert. Le rêve étant un processus biologique inné chez l'humain, Ullman questionne la nécessité, pour tous, de faire le détour par la psychothérapie pour en analyser

167.Ullman et Zimmerman, *op. cit.*, p. 168.
168.*Ibid*, p. 209-210.

le sens. En dehors de crises ou d'impasses requérant une intervention spécialisée, cette démarche de partage et de réflexion, pour mieux s'approfondir, s'inscrit parmi les outils de prévention et de maintien de la santé. Le groupe d'étude de rêves n'exige pas de connaissances particulières des participants. **L'intervention est dirigée sur le rêve et non sur le rêveur**, contrairement à ce qui se passe dans un processus de psychothérapie.

Des avantages qui font consensus

Pour un nombre important d'intervenants du domaine, le partage avec les pairs contribue à accélérer l'apprentissage du travail avec le rêve, à en explorer plus facilement toutes les facettes, et à briser l'illusion d'être seul à vivre ses questionnements intérieurs.

Accélérer l'apprentissage du travail avec le rêve

Dans ces groupes, le fait d'explorer plusieurs rêves renforce l'habileté du rêveur à y parvenir seul. Invité à examiner des rêves qui ne sont pas de lui, il a souvent plus de facilité à s'en dégager, à en saisir plus aisément l'idée générale. La familiarisation au langage onirique et à sa subtilité s'en trouve accélérée, et le rêveur apprend plus rapidement à se départir de l'interprétation au premier niveau qui le guette, surtout lors des premiers exercices d'exploration.

Explorer toutes les facettes du rêve

La multiplication des points de vue facilite l'accès au sens du rêve. La valeur ajoutée du partage de perceptions, d'idées autour d'une situation pour mieux en scruter tous les angles fait consensus dans notre société, peu importe la situation ou l'objet d'observation. Il en va de même pour le rêve dont on parvient mieux à saisir tous les aspects, les moindres plis et replis, pour le déployer et l'apprécier dans toute son amplitude. On dit de Jung qu'il « *[—]*

traitait un rêve comme s'il s'agissait d'un cristal que l'on tourne et retourne dans sa main pour en faire briller chaque facette[169] ». S'imprégnant du rêve pour eux-mêmes, les perceptions et les questionnements exprimés par chacun multiplient les angles d'observation et ouvrent sur une multitude de pistes utiles à éclairer le rêveur.

Le groupe agit comme un vecteur extraordinaire pour faire passer le message de l'inconscient à la conscience éveillée. En lui soumettant un rêve, nous le verrons plus loin, le rêveur n'a pas à choisir à travers les propos des autres le sens le plus convenable à lui donner. Il n'a qu'à laisser monter ce qui émerge spontanément de lui, stimulé, éclairé par le partage. D'abord seul devant une énigme insoluble, il exprime étonnement et enthousiasme quand se précise en lui le sens du rêve, facilité par la contribution des pairs.

Briser l'illusion d'être seul

En plus de faciliter l'accès à toutes les facettes du rêve, le partage brise l'impression d'être seul à vivre la turbulence intérieure et se révèle toujours extrêmement réconfortant. Le plaisir et la paix éprouvés à l'écoute de l'autre ne relèvent pas de l'excentricité ou de la perfection de ses propos, mais du sentiment de s'y reconnaître, et de la dimension humaine qui s'en dégage. Dans son livre *Le bing-bang intérieur*, Elizabeth Lesser explique à quel point nous pouvons vivre dans l'illusion d'être seul sur une trajectoire hors-norme, que trop souvent nous n'osons pas partager. Embarrassés par ce qu'il y a de plus humain en nous, nous multiplions les efforts pour cacher à l'autre la noirceur qui nous habite. En exhibant l'image parfaite, nous nourrissons l'insécurité de cet autre qui ne se retrouve pas dans nos propos. Ce comportement invite chaque individu à s'isoler, à poursuivre chacun son chemin. Cette honte de ce qu'il y a de plus humain en nous se cristallisera rapidement en souffrance : « *C'est l'illusion qui nous fait tous souffrir, nous nous*

169. Von Franz, *op. cit.*, p. 39.

croyons seuls dans notre étrangeté et notre incertitude et nous pensons que nous sommes sans doute la personne la plus égarée sur l'autoroute[170] ». Notre culture et notre éducation ont occulté en nous l'ombre pourtant indispensable à créer un équilibre, à faire surgir la lumière. Sans la nuit, le jour n'existerait pas!

En accord avec ce qui précède, lors des ateliers, à la suite d'exercices d'exploration, ces commentaires reviennent souvent : *Je me sens moins seul à vivre ce genre de situation, cela me soulage, m'encourage.* Ou encore : *Ce rêve-là, j'aurais tellement pu le faire, il m'apprend beaucoup sur moi-même!*

LE FONCTIONNEMENT DES GROUPES D'EXPLORATION

Pour être efficaces, ces groupes doivent être assujettis à certaines règles. Quelques-unes sont suggérées ci-dessous. Elles s'appuient sur les balises jetées par Ullman et Delaney, et sur mon expérience professionnelle en animation de groupes, soit comme ergothérapeute dans un contexte clinique, soit comme conseillère en planification et évaluation de programmes dans un contexte de soutien au développement organisationnel ou, plus spécifiquement, dans un contexte d'animation de groupes d'étude de rêves. L'expérience acquise avec ces derniers m'a convaincue des avantages déjà reconnus par les experts, mais également du besoin de certaines règles de fonctionnement. Sommairement, il est primordial que les rôles de chacun soient conformes à des objectifs préalablement définis, et que leur participation soit encadrée par des règles de respect et de confidentialité. S'ajoutent quelques indications quant à la fréquence et au nombre de rencontres.

170. E. Lesser, *Le bing-bang intérieur. Quand les épreuves guérissent l'âme*, Montréal, Les Éditions Le Jour, 2007, p. 53.

Des rôles appuyés sur des objectifs bien définis

La clarté des objectifs contribue à maintenir le cap sur les intentions de départ et permet de mieux préciser les rôles de chacun. Ces objectifs sont sous-tendus à l'intérieur des avantages du groupe reconnus et décrits précédemment. C'est dire qu'ils doivent accélérer la familiarisation au langage du rêve et à son exploration, faciliter l'accès à ses différentes facettes et, enfin, briser l'illusion d'être seul avec ses questionnements intérieurs. L'expérience fait ressortir qu'après quelques rencontres le besoin d'apprentissage évolue vers un besoin plus spécifique de maintien du partage avec les pairs, source de grande satisfaction.

Le rôle de l'animateur est intimement lié aux besoins du groupe, son accompagnement devant en tenir compte. Les nouveaux participants en sont souvent à leur premier contact avec le langage du rêve et ses fonctions. Plus avides de mieux saisir les généralités du rêve et de s'y familiariser, ils doivent pouvoir s'appuyer sur les connaissances de l'animateur, en même temps qu'être dirigés dans le processus d'exploration avec les pairs. Quant au groupe qui a acquis une certaine expérience, plus concerné par le maintien du partage avec d'autres, il s'attend à ce que l'animateur axe davantage ses interventions sur la coordination des échanges. À ce stade, les participants peuvent décider qu'éventuellement l'animation sera assumée en alternance par chacun des membres. Dès lors, il s'agit d'un groupe autogéré qui pourra faire appel à une ressource spécialisée au besoin.

Quant au participant, son rôle fluctue de l'interviewer à l'interviewé. Dans le premier cas, il contribue, avec les pairs, à stimuler l'émergence du sens du rêve présenté. Dans le deuxième, il partage un rêve afin d'être appuyé dans sa démarche d'exploration.

Les rôles successifs d'animateur et de participant sont présentés ci-dessous.

L'animateur

Pour permettre au participant de se familiariser au langage du rêve et de faciliter l'expression des points de vue de chacun à l'intérieur du processus d'exploration, l'animateur doit, sans être un spécialiste, avoir acquis certaines connaissances sur le rêve et développé certaines compétences d'animation.

Bien que se situant en dehors de la psychothérapie, ces groupes requièrent que l'animateur connaisse bien sa marge de manœuvre, qu'il soit conscient de la portée de ses interventions. Sa pratique n'étant pas encadrée par un ordre professionnel, il doit s'imposer une discipline personnelle afin de garantir la qualité de ses interventions aux personnes qui s'en remettent à lui pour s'initier au rêve. Il doit connaître ses capacités et limites, et garder le cap sur le rêve et non sur les interactions entre les participants pour provoquer des prises de conscience individuelles qui relèvent de la psychothérapie. Cependant, maintenant le cap sur l'examen du rêve, il doit stimuler le questionnement et la réflexion qui permettront au rêveur d'en élucider le sens pour lui, et se garder d'appuyer l'exercice plus exclusivement sur l'intuition, plus près de l'improvisation. Le rêve est trop précieux pour s'y aventurer sans être conscient de la portée sur le rêveur de ses interventions et de celles des autres participants.

En conséquence, à l'intention de l'animateur, voici quelques suggestions pour garder le cap sur les objectifs du groupe : ne pas forcer le sens du rêve, être conscient de son pouvoir d'influence sur l'autre, des possibilités et limites de ses interventions et, enfin, s'assurer de l'implication équitable de chacun des participants.

Ne pas forcer le sens du rêve

L'exploration d'un rêve avec les pairs a pour but de faire émerger le plus d'informations possibles, sans prétendre accéder invariablement à une ou à toute la signification qui résonne pour le rêveur. Il faut retenir que le rêve est multidimensionnel et ne se réduit pas, la plupart du temps, à une réponse univoque. Se situant dans une perspective de partage, l'exercice n'a pas la prétention de le scruter avec la même profondeur que ne le ferait un expert dans le contexte d'une psychothérapie ou d'une psychanalyse. La prise de conscience qui en résulte peut cependant inciter le rêveur qui le souhaite, une fois seul, à pousser plus loin l'examen du rêve pour y puiser encore et encore de l'information très pertinente pour lui. Le prochain chapitre présentera quelques suggestions à cet effet.

En invitant les participants à considérer le rêve comme s'il était le leur pour le scruter sous toutes ses facettes, l'animateur facilite l'accès aux messages potentiels du rêve, sans aucune autorité sur ce que le rêveur jugera bon d'en retenir. Le groupe ouvre donc la porte, stimule le rêveur à établir ses propres liens sans le faire pour lui. Comme tout bon éducateur, l'animateur s'assure que les interventions du groupe sont coordonnées et animées dans cette perspective. Un rêveur, avide de réponses, peut se montrer empressé de connaître la source de son inconfort et se tourner vers l'animateur ou d'autres participants pour les obtenir. L'animateur doit demeurer vigilant et garder le cap sur la progression vers l'autonomie de chacun. Nous savons tous qu'apprendre une tâche par cœur, sans en saisir la logique, sans s'impliquer, ne favorise pas l'apprentissage, voire l'intégration, résultant de l'expérimentation par essais et erreurs. À ce propos, Delaney établit une similitude avec l'adolescent qui, malgré les bons conseils de ses parents et éducateurs, doit apprendre par lui-même ses leçons de vie. Il ne s'agit surtout pas de prendre le rêveur sous son aile, mais bien de lui faire déployer les siennes.

Une absence de réponse est beaucoup plus valable qu'une orientation basée sur la projection de celui qui suggère, plus à risque d'écarter le rêveur de ce que son inconscient a voulu lui dire. En général, même sans dévoiler un message précis, l'exploration trouve son utilité dans la réflexion qu'elle suscite. L'ouverture créée, il arrive que, dans un délai plus ou moins long après l'exercice d'exploration avec les pairs, le sens se révèle plus clairement au rêveur. Parfois, cela n'arrive pas, et des rêves subséquents, ou encore des événements de la vie éveillée, viendront élucider le message demeuré énigmatique. L'inconscient a toute la finesse voulue pour emprunter une autre voie vers la conscience, le moment venu de le faire.

La compétence de l'animateur ne se mesure pas à sa capacité de trouver le sens du rêve partagé avec les pairs, mais bien à son habileté à guider le processus d'exploration qui conduira le rêveur à y parvenir avec plus d'autonomie.

Être conscient de son pouvoir d'influence sur l'autre

L'animateur doit également être conscient que ses réponses sont souvent le produit de ses propres perceptions, de son expérience personnelle, et qu'elles peuvent s'avérer confondantes pour le rêveur. Il se doit d'y être sensible. À l'instar du chercheur scientifique à l'affût des biais pouvant s'introduire dans son étude, l'animateur d'un groupe d'exploration doit être averti du risque d'imposer ce qui a du sens pour lui et pas nécessairement pour le rêveur. Il va de soi qu'il n'est pas infaillible, mais il doit demeurer alerte et se garder d'affirmations quant au sens du rêve. Pour Gaboury : « ***[s]e connaître soi-même*** *demeure la charte de l'éducateur. En devenant conscient de ce qu'il y a en nous, l'éducation se fera d'elle-même, [—]* ***on ne peut séparer ce que l'on est en profondeur de ce que l'on enseigne****. On ne sait en réalité que ce que l'on vit [—]*[171] ».

Il arrive également qu'un participant se fasse un peu le guide d'un autre, qu'il soit tenté de dicter un sens au rêve de ce dernier, ou de lui prodiguer ses conseils sous prétexte qu'il le connaît. L'animateur doit être capable de détecter et de prévenir cette situation nuisible à la progression de la personne en recherche de ses propres réponses. Ce piège est plus présent si des personnes se connaissent déjà avant de s'intégrer à un groupe. Elles ont plus de mal à se départir de cette connaissance pour exposer à l'autre de nouvelles perspectives. Cela n'exclut pas la pertinence de composer un

171. Gaboury, *op. cit.*, p. 238.

groupe avec des personnes qui se connaissent préalablement, l'animateur doit tout simplement être plus vigilant. En général, lorsque les participants comprennent le sens de la démarche, ils se prêtent facilement à ces règles visant l'éclosion de points de vue différents, insoupçonnés du rêveur.

Être conscient des possibilités et des limites de ses interventions

L'animateur doit être sensible aux réactions des participants. Il doit être capable de percevoir un inconfort et d'inviter un membre du groupe à s'exprimer sans forcer la confidence. Il arrive, en cours de processus, que le rêveur dont le rêve est exploré éprouve un certain malaise par rapport à ce qui ressort, à ce qu'il apprend, et qu'il veuille mettre un terme à l'exercice. Cela lui appartient. Il est tout à fait normal que, saisissant un élément pour la première fois, il en soit touché et ressente le besoin de l'apprivoiser en retournant seul dans son espace privé. Sylvie Voyer, au Département d'enseignement de l'art et de thérapie par les arts de l'Université Concordia, au terme d'une étude menée auprès de rêveuses, précise qu'il faut reconnaître que l'exercice ouvre sur des dimensions personnelles qui ne seraient pas partagées dans un autre contexte. Elle insiste sur la liberté du rêveur à mettre un terme à l'exercice sans se justifier, et sur l'obligation des membres du groupe à soutenir, sans juger, l'examen du rêve[172].

Si un participant vit des tensions difficiles à gérer, une situation de crise ou une impasse ne trouvant pas d'issue dans ce contexte de partage avec les pairs, l'animateur doit l'orienter vers des ressources spécialisées, ou encore l'encourager à en échanger avec son thérapeute s'il est déjà en thérapie. En général, le groupe centré sur le

---

172. S. Voyer, « *L'image onirique. L'exploration des rêves par le dessin dans un contexte de groupe* », Département d'enseignement de l'art et thérapie par les arts, Université Concordia, Bibliothèque Nationale du Canada, août 2000, 74 p., [http://spectrum.library.concordia.ca/1256/1/MQ54361.pdf] (consulté le 7 mars 2011).

rêve n'entre pas en conflit avec une démarche de psychothérapie qui se vit au cours de la même période, bien au contraire. S'il y a lieu, le participant doit être encouragé à faire part de cette activité à son thérapeute, lequel y verra, la plupart du temps, une initiative pour faire progresser sa démarche de guérison. Si les groupes d'exploration peuvent contribuer à maintenir ou restaurer un état de bien-être, ils ne doivent pas se substituer à la thérapie. Ce n'est pas une thérapie à rabais! Ces deux interventions doivent s'arrimer. Puisque le travail avec le rêve sert une réunification de l'être pour une plus grande harmonie, il ne s'agit surtout pas de créer une division en opposant des démarches complémentaires.

S'ASSURER DE L'IMPLICATION ÉQUITABLE DE CHACUN DES PARTICIPANTS

Ici, la capacité d'animation prévaut sur la capacité de transfert des connaissances. L'animateur doit s'assurer que chacun expérimente à travers le processus d'exploration, qu'il a son temps de parole et qu'il y trouve son compte. Il doit encourager la synergie des interventions concernant le rêve présenté plutôt que la rivalité qui en gênerait la spontanéité. Il n'y a pas de questions idiotes, ni de bons ou mauvais rêves, il n'y a que des rêves porteurs d'informations à décoder, à mettre en lumière pour le bien du rêveur.

Au même titre que les participants, l'animateur peut s'impliquer à chacune des étapes du processus. Cependant, il doit être attentif à ne pas accaparer la parole. Le risque de s'imposer en expert peut nuire à l'apprentissage et décourager l'exploration spontanée de chacun. Il va de soi que l'animateur qui a expérimenté avec plusieurs groupes et cumulé des connaissances plus poussées sur le sujet peut enrichir la démarche. Fort de cette expertise, plutôt que de l'étaler, il se met à l'écoute du rythme d'apprentissage de chacun. Le succès de ses interventions est tributaire de sa capacité à travailler avec le groupe et pour lui, et non à faire à sa place pour sa satisfaction personnelle.

Le participant

Pour profiter pleinement des avantages du groupe, le participant joue alternativement le rôle d'interviewer ou d'interviewé. Pour l'un ou l'autre de ces rôles, il doit avoir un désir sincère d'apprendre et de partager afin de s'engager plus entièrement dans la démarche. Il doit également accepter de présenter des rêves et être attentif à ceux soumis par les autres.

Soumettre des rêves suppose de les avoir notés le plus fidèlement possible pour pouvoir en faire la narration, le moment venu de le faire. Étant donné la volatilité de la mémoire du rêve, pour réduire l'écart par rapport au souvenir qu'il en reste, avoir son journal à portée de main est un atout. Cela permet également au rêveur d'y consigner, séance tenante, ce qu'il veut conserver des échanges, soit les questions et pistes de réflexion soulevées, le ou les messages émergeant de l'exercice, etc.

La force du groupe prend son essence dans la complémentarité des regards et non dans leur opposition. Ce n'est pas une course à la meilleure idée ou au meilleur rêve. Les grands rêves de nature archétypale font davantage partie de l'exception que de la règle. Il est important de ne pas nourrir ces vieux préjugés qui tendent à ignorer les rêves ordinaires, insensés en apparence[173]. Qu'il s'agisse du rôle de l'interviewer ou de l'interviewé, la présence aux rencontres a également son importance. Peu importe le nombre, elle sert à développer un sentiment de confiance et d'appartenance au groupe, ainsi qu'un rythme d'apprentissage plus satisfaisant. C'est dans un climat de confiance mutuelle que les participants seront les plus ouverts et les mieux servis.

LE PARTICIPANT INTERVIEWER, EXPLORATEUR DU RÊVE DE L'AUTRE

Dans ce rôle, le participant ne doit pas juger le rêve de l'autre, mais y voir toute la créativité et s'adonner à l'explorer comme s'il

173. Von Franz, *op. cit.*, 203 p.

s'agissait de clarifier une énigme. Il le fait en se souvenant que c'est le rêve qui est sous la loupe, non le rêveur, et procède comme si le rêve était le sien, pour conduire le rêveur à considérer de nouvelles avenues d'explication. Pour y parvenir, l'interviewer doit référer à son propre contexte et non à celui qui soumet le rêve. C'est ainsi qu'il peut lui offrir des perspectives différentes.

Il est capital de retenir que le rêveur donne le pas, et qu'en tout temps il peut décider de mettre un terme à la démarche d'exploration, peu importe où en est le processus. Il faut lui reconnaître cette autorité sur son rêve et sur le moment de se soustraire au processus. Même en mettant fin à l'échange, l'autre aura bénéficié de la narration de son rêve à voix haute, de s'être entendu le raconter comme s'il lui venait de l'extérieur et, également, d'avoir été écouté par les autres. L'ouverture, même partielle, créée par l'exercice lui permet de progresser plus en douceur vers la compréhension du message du rêve. Un peu comme de raconter à l'autre un événement de la vie éveillée contribue à ce que tout se clarifie soudainement, sans qu'il ait dit quoi que ce soit! Il est aussi noble d'écouter, parfois plus valable que de parler.

C'est également au rêveur de décider de ce qu'il fera du message du rêve. L'important est d'en faciliter la compréhension, l'action en découlant lui appartient. De plus, elle n'apparaît pas systématiquement sur-le-champ, exigeant souvent qu'il poursuive sa réflexion en dehors du groupe.

Le participant interviewé, celui qui partage son rêve

Le rêveur interviewé est invité à partager son rêve en toute honnêteté. En filtrer ou modifier des éléments l'éloigne de ce que ce dernier cherche à lui faire comprendre, et compromet l'utilité de la démarche. Il doit se sentir en confiance, faire preuve d'humour et d'un certain courage, et dépasser cette propension très humaine à vouloir toujours se présenter sous son meilleur jour. Il va de soi qu'il lui revient de décider du rêve à présenter, à partager avec les pairs. Un nouveau participant peut se prêter à l'exercice en commençant par un rêve peu chargé d'émotions. De cette façon, il est possible de se familiariser au groupe et de lui donner progressivement sa confiance. Généralement, les participants soumettent rapidement les rêves qui soulèvent le plus de questionnements pour eux, sans se sentir au banc des jugés.

En autorité sur son rêve, le rêveur valide le sens qui émerge des échanges, n'en retenant que ce qui résonne en son for intérieur. Il ne doit pas se départir de cette responsabilité quant au sens du rêve pour lui. Pour Delaney, au sein du groupe, chacun porte cette responsabilité de reconnaître que le sens du rêve appartient au rêveur, afin de respecter la liberté individuelle et la démocratie de l'exercice[174]. Il arrive qu'en présence des autres le rêveur impatient de trouver ses réponses soit tenté d'y renoncer. Il faut être prudent, se faire confiance et reconnaître que l'absence de réponse est préférable à une mauvaise réponse. Le suivi du résultat découlant de l'examen du rêve partagé avec les pairs est à la discrétion du rêveur. Il peut en échanger avec eux s'il le souhaite, mais il n'est surtout pas tenu de le faire, cela lui appartient.

Le respect et la confidentialité des échanges

S'il est vrai que partager un rêve est également partager ce qui se vit au plus profond de soi, il faut pouvoir s'abandonner avec confiance à la démarche d'exploration en groupe. Puisque par le rêve l'inconscient tente de faire cheminer à la conscience ce qu'elle ne sait pas déjà et dont elle a besoin pour progresser, c'est dire qu'il peut être porteur d'une information jusque-là inconnue du rêveur. Pour ces raisons, des règles de respect et de confidentialité s'imposent afin de protéger l'intimité de chacun. Personne n'est intéressé à ce que son courriel personnel soit exposé à la vue des autres, et encore moins jugé par eux.

174.Delaney, *op. cit.*, p. 122.

Pour respecter la confidentialité, dès la formation d'un nouveau groupe ou au moment de l'ajout d'un participant, je suggère que chacun soit invité à s'engager à la confidentialité et au respect des échanges. Pour ce faire, un formulaire énonçant ces règles est utilisé. Ce geste concret, si anodin soit-il, contribue à créer un climat de confiance. Il arrive que des personnes se connaissent déjà. Cela ne devrait pas soulever d'inquiétude par crainte que quelqu'un aille raconter, par distraction ou autre, ce qui pourrait être préjudiciable au rêveur. L'intimité n'a pas de prix. Tant pour l'animateur que pour les participants, ces règles nourrissent la richesse des échanges! Voici un exemple de formulaire d'engagement.

ENGAGEMENT À LA CONFIDENTIALITÉ ET AU RESPECT

Pour profiter pleinement et librement de cette rencontre d'exploration, jour _______ mois _______ année _______ , je m'engage :

- à traiter avec respect et dans la plus grande discrétion ce qui est exprimé au cours des exercices d'exploration;
- à respecter le choix du rêveur quant aux limites qu'il voudra imposer au processus d'exploration de son rêve.

- Animateur	
Nom :	Signature :
- Participants	
Nom :	Signature :
Nom :	Signature :
Nom :	Signature :
Nom :	Signature :

La fréquence et le nombre de rencontres

Généralement, la fréquence s'établit autour d'une rencontre par deux ou trois semaines. Plus rapprochées, elles laissent peu de temps aux participants pour inscrire de nouveaux rêves dans leur journal, surtout s'il s'agit de travailleurs à temps plein. À l'opposé et surtout pour ceux qui débutent, des intervalles supérieurs à un mois sont souvent jugés trop longs et moins favorables au maintien du rythme d'apprentissage. Afin d'offrir plus de souplesse, le choix du moment de la prochaine rencontre peut se faire d'une séance à l'autre. Une cadence finit par s'imposer d'elle-même.

Bien qu'il n'y ait pas un nombre préétabli de rencontres et qu'il appartient à chacun de juger de ses propres besoins, l'expérience acquise avec les groupes d'exploration met en évidence que plusieurs sont nécessaires pour en profiter pleinement et atteindre les objectifs escomptés. La confiance une fois installée, la pudeur du début s'estompera quant à la singularité ou l'apparence insolite de certaines scènes de rêves, pour faire place à plus d'ouverture et, consécutivement, à plus de liberté et de satisfaction par rapport aux échanges. En ce qui me concerne, l'expérience me mène à conclure qu'avec une cadence d'environ une rencontre toutes les trois semaines, et une douzaine de rencontres, l'apprentissage est intéressant. Le participant qui s'investit peut atteindre l'objectif de familiarisation au langage du rêve et développer une autonomie appréciable de la capacité à soulever les questions les plus susceptibles d'en faire émerger le sens. Il faut faire preuve de souplesse, rien n'empêche que les rencontres soient plus rapprochées et plus nombreuses, pour parfaire cette compétence.

Certains groupes préfèrent maintenir les rencontres sur une plus longue période, soit pour continuer à bénéficier du plaisir du partage avec les pairs, soit pour mesurer leur progression à explorer des rêves de manière autonome, ou encore en questionner qui sont demeurés plus énigmatiques. C'est dire que la capacité à explorer ses rêves de manière autonome acquise, la satisfaction retirée des échanges peut également amener certains groupes à poursuivre les rencontres. Dans ce cas, la présence de l'animateur n'est plus requise.

Il ne faut pas perdre de vue que des règles trop rigides quant à la fréquence et au nombre de rencontres s'arriment plus difficilement avec le calendrier de chacun et créent l'illusion d'inaccessibilité à cette compétence.

LE CHOIX D'UN GROUPE D'EXPLORATION

Si le rêve soulève intérêt et curiosité pour de nombreuses personnes, et s'il tend à occuper une place plus importante dans la gamme des outils de développement personnel, il n'est pas moins à l'abri d'improvisation et d'exagération de la part de certains intervenants. D'entrée de jeu, Delaney interpelle le rêveur : « *Rêveurs, soyez à l'affût!* » Elle l'invite à s'enquérir de la compétence des analystes, lire des animateurs de groupes d'étude ou d'exploration de rêves. Certains n'ont jamais travaillé concrètement avec des rêveurs, leur approche étant trop théorique et éloignée de la réalité. Pour d'autres, l'exercice se limite à des ateliers d'une fin de semaine, sans suivi pour en observer les résultats. Elle met en garde contre le risque de se laisser hypnotiser par les belles paroles de gourous imbus d'eux-mêmes, et de remettre son propre pouvoir de compréhension aux mains d'autrui. Pour elle, encore aujourd'hui, trop de personnes s'improvisent en s'appuyant sur des théories chaotiques[175]. Ainsi, elle renforce une des mises en garde de Jung, à l'effet que « *[q]uiconque veut interpréter un rêve doit posséder une envergure personnelle comparable à celle du rêve, car et c'est absolu, on ne reconnaît jamais en quoi que ce soit plus que ce que l'on est soi-même*[176] ».

175. Delaney, *op. cit.*, 362 p.
176. Jung, *L'âme et la vie, op. cit.*, p. 81

Pour bénéficier pleinement d'un groupe, lire sur le rêve ou participer à une ou des séances d'information sur le sujet peut s'avérer judicieux, à la fois pour mieux définir ses attentes, et pour pouvoir juger de la compétence de l'animateur. Se rappeler que, si le groupe peut évoluer concurremment à une psychothérapie, il ne peut se substituer aux interventions spécialisées et plus curatives de celles-ci.

Le rêveur doit également choisir avec qui il veut partager cette expérience : des proches ou des inconnus? Le travail avec des proches, amis ou membres de la famille, peut être bénéfique ou nuisible. Si l'exercice présente l'avantage de conduire à un rapprochement très appréciable, il peut s'avérer stérile, brimant la liberté de s'exprimer sur des rêves les concernant, rêves trop sensibles pour être explorés en leur présence. Il n'y a pas de règle absolue, il faut simplement être conscient du choix retenu et de son impact potentiel.

LES ÉTAPES DU PROCESSUS D'EXPLORATION EN GROUPE

De la narration du rêve à la résonance du message en découlant pour le rêveur, le processus suit les étapes proposées au chapitre 5. Il présente quelques adaptations pour favoriser l'interaction dynamique des participants favorable à la compréhension du message. La démarche doit faire preuve de souplesse pour être efficace et répondre aux besoins du groupe. Présentée ci-dessous, elle est suivie d'une description de chacune des étapes, et appuyée d'un exemple.

Étape 1 : Le schéma du rêve

Les participants prennent connaissance du rêve exposé par le rêveur et élaborent des schémas.

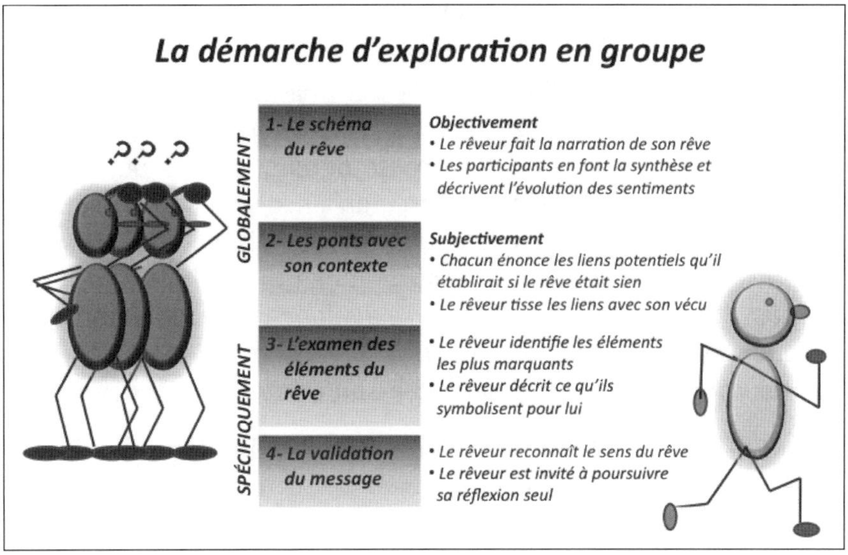

FIGURE 3 : La démarche d'exploration en groupe

La narration du rêve

Le rêveur est invité à raconter son rêve le plus fidèlement possible, tel qu'il lui remonte à la mémoire, sans jugements ni commentaires, sans soustractions ou substitutions. Il procède comme au moment de l'écrire dans son journal. Pour prévenir un penchant tout à fait naturel à vouloir en expliquer le contenu à mesure qu'il en fait la narration, l'animateur doit l'inviter à s'en tenir exclusivement au contenu onirique. Chercher à l'expliquer nuirait à la créativité stimulée par des regards nouveaux, pour l'aider à y voir plus clair. De plus, s'étendre sur le contexte présente le risque de faire dévier l'attention vers le rêveur, alors qu'elle doit normalement être dirigée sur le rêve pour répondre au but de l'exercice.

Les autres participants sont invités à écouter le rêve et à se l'approprier temporairement en se laissant habiter par les sentiments qui montent à mesure qu'ils en entendent le récit. Voici comment procéder, avec l'exemple d'un rêve exploré en groupe :

Titre : Des ados sur mon terrain

« Je suis à l'étage supérieur de ma maison, dans la chambre, avec mon conjoint étendu sur le lit derrière moi. Debout à la fenêtre, j'observe ce qui se passe dehors. Je vois des adolescents, en auto, traverser notre terrain d'un côté à l'autre, à répétition, au beau milieu de celui-ci, faisant fi de l'espace privé. Je décris la scène à mon conjoint qui réagit en disant que *cela n'a pas de sens, il faut faire quelque chose!* Je lui réponds que *c'est agaçant, mais qu'il ne faut pas en tenir compte, ils ne réalisent pas ce qu'ils font, ils s'essouffleront.* »

Sensations ou sentiments dans le rêve *:* offensée au début et plus dégagée ensuite.

Sensations ou sentiments au réveil : plutôt intriguée.

L'animateur écrit au tableau le récit fait par le rêveur replongé dans l'atmosphère de son rêve. L'animateur peut choisir d'utiliser le dessin pour l'illustrer, si cela lui convient mieux. L'exercice n'est surtout pas moins valable, il est en général très satisfaisant.

Pourquoi écrire le rêve au tableau? Visible pour tous, le contenu est plus facile à explorer sous toutes ses coutures. Dès qu'à l'intérieur des ateliers d'exploration j'ai commencé à me servir de l'écriture du rêve au tableau, j'en ai apprécié l'efficacité. D'abord, comme pour le journal de rêves, le fait de voir le scénario écrit devant soi permet de le regarder en face et de s'en dégager pour mieux le saisir dans son ensemble. De cette façon, certaines métaphores ou situations prennent plus de relief et donnent accès à des détails qui, autrement, risquent d'échapper au rêveur et aux participants. De plus, jumelée à la narration à voix haute, l'écriture du rêve privilégie un autre canal sensoriel, jumelant la stimulation visuelle à la stimulation auditive. Cette stratégie favorise autant les visuels que les auditifs et suscite une participation plus active de chacun, ajoutant à l'efficacité de la démarche. Elle assure également une plus grande conformité du récit à examiner par chacun des participants, en réduisant les écarts qu'entraîne l'écriture du rêve chacun pour soi. Le scénario déployé au tableau devant lui, le rêveur peut corriger l'animateur qui s'en écarte et, s'il y a lieu, compléter l'information qui remonte à sa mémoire, stimulée par le récit qu'il en a fait à voix haute. Cette stratégie présente aussi l'avantage d'inciter les participants à diriger leur regard sur le tableau et non sur le rêveur. Par conséquent, ce dernier, parfois préoccupé par ce qui peut émerger de son rêve, porteur d'informations nouvelles, se sent moins l'objet de jugements que soutenu par le questionnement des autres.

Un rêve court peut être écrit entièrement au tableau, avec les termes utilisés par le rêveur. Dans le cas d'un rêve plus long, en plusieurs tableaux, d'autres avenues peuvent être envisagées. Il est possible d'explorer le plus évocateur pour le rêveur, ou encore d'utiliser les schémas de chacun des tableaux, en les abordant comme un tout, tel que présenté au chapitre 5 pour les rêves plus longs. Cependant, je n'encourage pas leur exploration dans les groupes, en particulier si le nombre de personnes est supérieur à trois. Le temps requis pour compléter l'exercice entraîne le risque de priver d'autres participants du plaisir de partager un rêve, ce que chacun devrait avoir l'opportunité de faire à chaque rencontre. L'apprentissage avec des rêves plus courts est très valable, et le rêveur peut, seul et enrichi de son expérience avec le groupe, appliquer la stratégie à des rêves plus longs.

Les questions de précision sur le rêve par les participants

Avant l'élaboration des schémas, des précisions sur le rêve peuvent être demandées au rêveur en s'abstenant de questionner son contexte. L'objectif est de s'assurer que le récit qu'il en a fait est bien compris et qu'il a fourni toute l'information dont il se souvient à son propos.

Voici, à partir de l'exemple présenté plus haut, les questions de précision formulées par les pairs :

- *Faisait-il jour ou nuit dehors?*
  - Pour la rêveuse, cela se passait le jour sans pouvoir spécifier si c'était le matin, l'après-midi ou un autre moment. D'en haut, elle voyait très clairement la scène.

- *Est-ce que la maison dans le rêve était la même que dans la vie éveillée?*
  - Oui, il s'agissait bien de la même maison.

- *D'où venaient ces adolescents qui passaient sur le terrain?*
  - De la droite, ils procédaient toujours en arrivant de ce côté et en sortant de l'autre, pour réapparaître à droite et ainsi de suite. Difficile de dire d'où ils venaient. À l'évidence, ils n'avaient pas à être là.

- *De quel type de véhicule s'agissait-il?*
  - Cela ressemblait à une voiture de démolition. Oui, pour elle, c'était bien une voiture de démolition.

À cette étape-là, s'il y a lieu, à la lumière des précisions apportées, l'animateur complète l'écriture du rêve au tableau.

L'information complétée, les participants sont invités, à tour de rôle, à proposer un schéma. Il n'y a pas de bons ou de mauvais schémas; au contraire, c'est la diversité des points de vue qui fait progresser le rêveur vers la compréhension du message.

Partant des différents éléments du rêve, voici les schémas proposés pour répondre à la question suivante : **de quoi parle ce rêve?**

- *Partant du rêveur*
  - de quelqu'un qui observe avec un certain recul quelqu'un(s) d'autre(s) empiéter sur son espace privé;
  - de quelqu'un qui regarde de haut une scène assez inusitée;
  - de quelqu'un qui constate, avec une certaine tolérance, le manque de convenance de quelques-uns.

- *Partant des adolescents*
  - de quelques-uns qui manquent de respect;
  - de quelques-uns qui s'aventurent avec désinvolture là où ils ne devraient pas.

- *Partant de la voiture de démolition*
  - de quelque chose de voué à s'autodétruire;
  - de quelque chose qui est utilisé de façon éphémère.

- *Partant du conjoint*
  - de quelqu'un apprenant, de quelqu'un d'autre, quelque chose qui le dépasse;
  - de quelqu'un qui croit qu'il faut réagir plus fermement à une situation.

L'alternance des éléments du rêve pour construire les schémas offre différentes perspectives qui facilitent l'élaboration subséquente des ponts avec la vie éveillée.

Étape 2 : Les ponts avec le contexte

Chacun s'appropriant le rêve comme étant le sien, les questions soulevées, issues de contextes différents, multiplient les possibilités qui s'offrent au rêveur pour l'amener à créer des liens avec son propre contexte.

L'autoquestionnement de chacun comme si c'était son rêve

Rappelons que questionner le rêve en partant chacun de son point de vue invite le rêveur à se détacher de sa perspective habituelle pour en considérer de nouvelles. L'exercice doit l'aider à s'éloigner de ce qui lui est connu pour accéder à un regard différent sur ce qu'il vit.

Voici quelques exemples de questions inspirées aux participants à partir des schémas énoncés plus haut et comme s'il s'agissait de leur rêve. **Si c'était mon rêve :**

- je me demanderais s'il n'y a pas quelque chose qui empiète sur mon espace privé;
- je me demanderais s'il n'y a pas une situation nouvelle, pas encore apprivoisée, en voie de s'installer dans ma vie;
- je me dirais que je suis capable de regarder de haut ce qui cherche à me démolir;
- je me demanderais s'il ne faut pas que je passe à l'action, pour qu'une situation ne progresse pas au stade de l'envahissement;
- je me dirais qu'une situation, agressante de prime abord, risque de s'estomper d'elle-même.

Les liens du rêveur avec son contexte

Stimulé par l'intervention de chacun, le rêveur est invité à réagir, à communiquer aux participants si les questions soulevées l'éclairent ou pas sur le sens de son rêve. Parfois, à cette étape-ci, les liens avec sa réalité se dessinent facilement, laissant à sa discrétion le choix de poursuivre ou non l'exploration aux étapes subséquentes. Si l'exercice ne parvient pas à faire ressortir des liens, l'animateur invite le rêveur à poursuivre sa réflexion seul s'il le désire. Enrichi des questions du groupe, il pourra examiner plus finement les liens potentiels avec des événements récents ou à venir, des préoccupations qui l'habitaient avant de se laisser glisser dans le sommeil, ou encore ce qui occupait spontanément ses pensées au réveil.

Si des liens avec son contexte se font plus explicites, rappelons que c'est au rêveur, soutenu par l'animateur, que revient la décision de partager sur ces liens. Certains décrivent les relations mises en évidence par le rêve, alors que d'autres se limiteront à des informations générales pour éclairer les participants et, concurremment, protéger leur intimité. Par exemple, si un conflit de travail est à l'origine de la scène onirique, le rêveur peut décider de l'expliciter, ou s'en tenir à exprimer sa reconnaissance au groupe, pour les liens qu'il a contribué à lui faire établir avec son contexte. Il arrive fréquemment que le rêveur, sentant le message émerger à sa conscience, éprouve le goût de partager, soulagé de la tension générée par l'incompréhension du rêve. Ces informations permettent parfois aux participants de faire ressortir d'autres liens, plus subtils et utiles au rêveur. Liens qui témoignent de la grande finesse, de la créativité extraordinaire de l'inconscient pour exprimer ce qu'il a à dire, sur une situation en particulier. En contrepartie, ne pas partager sur la situation à l'origine du rêve n'empêche pas le rêveur de profiter de l'éclairage du groupe pour le comprendre, ni de dégager éventuellement des pistes de solutions. Ce n'est pas un contexte d'inquisition mais de partage où il a la garde de son intimité.

Pour le rêve présenté en exemple, malgré les liens qui commençaient vaguement à se dessiner, la rêveuse a préféré les valider en poursuivant la démarche avec le groupe.

Étape 3 : L'examen des éléments du rêve

Jusque-là observé comme un tout, le rêve est maintenant scruté plus finement, en progressant d'un élément à l'autre pour en faire émerger plus manifestement le sens. Le rêveur doit choisir les plus importants pour lui et leur attribuer une signification.

Produits de son inconscient, ces éléments ont pour fonction d'adresser au rêveur un message personnalisé, c'est-à-dire par lui et pour lui. C'est donc important qu'il détermine lui-même les éléments à étudier. Encore là, il s'agit d'en retenir quelques-uns, il n'y a pas un nombre prédéterminé. Un seul pourrait convenir dans certains cas. Si, avec ceux retenus par le rêveur, l'exploration piétine, les participants sont invités à en proposer qui suscitent leur curiosité et qui auraient pu lui échapper.

Le rêveur explique ensuite la valeur symbolique des éléments retenus. À quoi les associe-t-il? L'animateur peut l'aider en lui demandant de les définir par une ou deux caractéristiques qui lui viennent spontanément. Les symboles étant la plupart du temps personnels, les associations suggérées par les pairs ne seront jamais aussi fidèles et efficaces que les siennes. Par contre, l'exercice n'est pas vain, celles proposées par les autres parviennent parfois à faire réagir le rêveur, et à déclencher ses propres associations qu'il faudra privilégier.

Dans le rêve dont il est question ici, les éléments retenus par la rêveuse sont : *adolescent*, *voiture de démolition*, *milieu du terrain*, *étage du haut de la maison*. Les voici, accompagnés des associations faites par celle-ci :

- *Adolescent*
  - quelqu'un de non fini;
  - quelqu'un qui manque de maturité;
  - quelqu'un qui ne gère pas toujours bien ses comportements.
- *Voiture de démolition*
  - qui sert à détruire;
  - quelque chose d'éphémère, de passager.

- *Milieu du terrain*
  - au centre de mon espace personnel;
  - trop près de mon intimité, de ma maison.

- *Étage du haut de la maison*
  - élévation;
  - dégagement;
  - en contrôle;
  - au-dessus de.

Cet examen plus en détail a amené la rêveuse à créer des ponts avec son vécu, à mieux étudier les sens possibles du rêve.

Toujours en se positionnant comme s'il avait fait ce rêve, un participant, interpelé par les associations du rêveur, peut formuler de nouvelles questions. Elles peuvent s'avérer utiles à ouvrir sur des pistes inexplorées ou renforcer celles qui ont été énoncées. Dans ce cas-ci, quelqu'un s'est demandé si l'élément adolescent pouvait exprimer la croissance, ou encore quelque chose qui allait prendre de plus en plus de place, grandir. En réponse à cette interrogation, la rêveuse a plutôt insisté sur le caractère immature et enfantin de quelque chose qui n'allait surtout pas évoluer. De plus, la voiture de démolition lui indiquait que l'objectif était de détruire plus que de construire.

Au terme de cet échange, la rêveuse a pu établir un lien évident avec l'envahissement qu'elle ressentait par rapport à des collègues qui s'ingéraient dans des tâches professionnelles qui lui incombaient. La mise en scène lui exposait que la situation était probablement passagère, puisque ces envahisseurs traversaient le terrain sans s'y arrêter, en utilisant une voiture vouée à disparaître. Stimulée par les commentaires des participants, elle s'est souvenue d'avoir perçu, à l'intérieur du rêve, qu'il s'agissait d'une crise temporaire, d'une crise d'adolescent. Cependant, malgré sa capacité apparente à garder une distance par rapport à ce qui la perturbait, son inconscient attirait son attention sur l'effort qu'elle devait déployer pour demeurer observatrice, sans sortir de ses gonds. Le conjoint illustrait bien cette ambivalence qui l'habitait, entre le désir de se défendre ouvertement et celui de laisser passer ce qu'elle jugeait être une crise passagère. Le fait que cette préoccupation professionnelle soit évoquée par l'inconscient en utilisant le domicile de la rêveuse comme mise en scène faisait ressortir l'empiètement de ce conflit sur son espace privé, son espace intérieur. En contrepartie, elle s'est sentie renforcée par sa capacité à observer de haut, de l'étage supérieur, ce qui se passait sur son propre terrain. Ce rêve l'encourageait, lui indiquait que, malgré l'irritation qu'elle pouvait provoquer, cette situation ne méritait pas qu'elle intervienne. Cela aurait plutôt fait envenimer le conflit avec des personnes peu ouvertes à l'échange, dont l'attitude était plus destructive que constructive.

Étape 4 : La validation du message

Étape d'aboutissement de la démarche d'exploration, c'est ici que le rêveur dit son dernier mot. Il sait s'il a atteint le sens de son rêve. À cette étape de validation, il arrive que, soulagé par ce qui en émerge, il l'exprime comme suit : *Ça y est, j'ai compris, c'est comme si un poids s'enlevait de sur mes épaules!* L'énergie, jusque-là bloquée par des tensions, se libère sous l'effet du sens plus évident, plus accessible de ce qu'il vit. Ce bien-être l'incite souvent à partager, à exprimer de la gratitude au groupe et parfois même à se confier davantage, parce que se sentant plus en contrôle de la situation. C'est à ce pouvoir sur ce qu'il vit que mène la compréhension du rêve, renforcement de son *empowerment* individuel. Les participants écoutent souvent aussi ravis et satisfaits que le rêveur, heureux d'avoir pu contribuer à dégager un sens libérateur pour lui. Ils se reconnaissent fréquemment dans ce que vit le rêveur et apprennent pour eux-mêmes.

Dans le cas du rêve utilisé en exemple, la rêveuse était persuadée d'en avoir touché le sens, elle le sentait, reconnaissait ce que l'inconscient cherchait à lui communiquer à travers lui. Au cours des rencontres subséquentes, elle a témoigné du bienfait de ce rêve pour la soutenir dans une attitude de réserve vis-à-vis d'une situation qui commençait à s'estomper, n'étant pas nourrie par une opposition ouverte de sa part.

Toutes les interventions du groupe, si elles sont bien dirigées, concourent à rendre plus explicite le message du rêve. C'est ici que la comparaison au rôle de sage-femme évoquée par Ullman prend tout son sens. Le groupe a joué très honorablement son rôle de facilitateur, sans pouvoir sur la suite des choses! Ce qui émane de l'exercice appartient au rêveur, tant le message que le suivi qu'il en fera.

Le processus complété, le rêveur est encouragé à retourner dans son espace privé pour réfléchir au résultat de l'exercice, que le message soit clair ou non. Bien qu'un message demeure nébuleux, la démarche d'exploration aura contribué à amorcer la réflexion qui pourra se poursuivre plus loin sous la forme d'introspection. Il n'est pas rare qu'après avoir mis la table avec le groupe, le sens émerge de lui-même dans la solitude retrouvée du rêveur, comme si on lui avait ouvert la voie. Il est donc important de retenir que, même si un questionnement persiste au terme de l'exercice, la démarche est loin d'être vaine. Parfois, c'est le néant; cela arrive. Certains rêves demeurent mystérieux et sans réponse. Il est possible que des rêves subséquents ou des événements de la vie éveillée en dévoilent éventuellement le sens, comme si l'inconscient livrait progressivement au rêveur ce qu'il a à lui adresser, le préparant à plus d'ouverture.

En raison du caractère multidimensionnel du rêve, le revisiter est souvent révélateur d'informations nouvelles, toutes aussi riches. Pour celui qui désire approfondir son exploration, le dernier chapitre propose des stratégies pour y parvenir et mieux préparer l'action nécessaire à l'intégration de ce que l'inconscient lui aura appris.

QUATRIÈME PARTIE
« *AGIR ET INTÉGRER* »

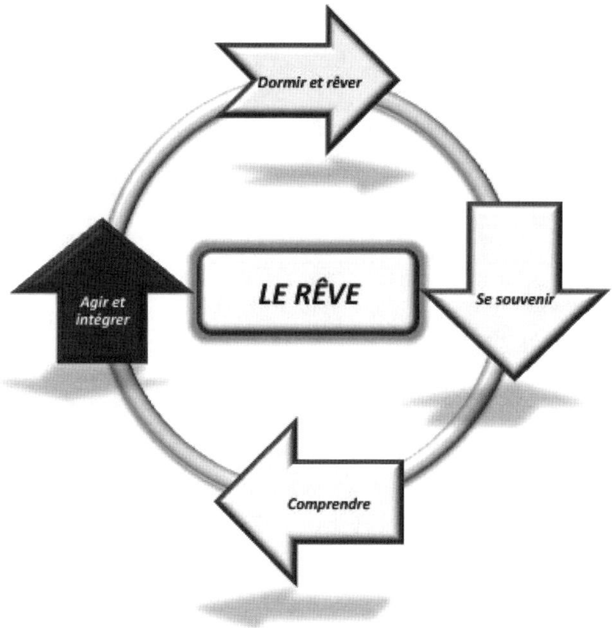

CHAPITRE 7

L'intégration par l'action

« L'interprétation véritable d'un rêve réside dans son application pratique [—] c'est lorsque vous agissez en réaction à un rêve que la compréhensionréelle se manifeste. »

MARK THURSTON, EXTRAIT DES *LECTURES D'EDGAR CAYCE*

La dernière partie de cet ouvrage ferme la boucle du processus évoluant du rêve à l'intégration. Cependant, pour qu'il y ait intégration, il faut pouvoir accéder à un niveau de conscience supérieur. Saisie puis enrichie par les informations qui lui sont transmises à travers des mises en scène oniriques, la conscience du rêveur doit s'élever pour pouvoir engager l'action. Cette affirmation d'Albert Einstein *« les problèmes ne peuvent être résolus au même niveau de conscience qu'ils ont été créés »* traduit bien cette nécessité. L'élévation de la conscience est, en quelque sorte, le passeport pour accéder au changement, à la transformation pour se dépasser.

La réalité intérieure est dynamique, en perpétuel changement. La connaissance de soi, destination du périple du rêveur en quête de sens, est évolutive et n'a pour limites que celles imposées par la conscience. Toujours invité à se dépasser, le rêveur est comparable au funambule en constante recherche d'équilibre. Il progresse pas à pas. La nouveauté dévoilée par le rêve lui permettra d'anticiper celle qui suivra dans un rêve subséquent ou dans sa vie éveillée, sinon l'aventure risque de s'arrêter.

L'expression *honorer le rêve* est souvent utilisée pour décrire l'importance de passer à l'action. Elle est essentielle pour exprimer tout le potentiel de *développement* et de *libération* contenu dans les scènes oniriques. *Développement,* en raison de la sagesse et des capacités insoupçonnées mises à jour par l'inconscient pour l'expansion de la conscience. *Libération,* en raison de l'énergie décuplée par une plus grande harmonie entre le comportement sur la scène de jour et la sagesse qui veille à l'intérieur. La confiance en soi s'en trouve accrue. La vie ne présente pas le même visage lorsqu'on en comprend mieux le sens. Elle se traduit moins par un enfermement que par la confiance et l'ouverture sur des opportunités d'évolution et un sentiment de liberté.

Pour progresser sur ce chemin qui mène à soi, élever son niveau de conscience, l'étude encore plus poussée des images oniriques présente une avenue intéressante. C'est pourquoi des stratégies complémentaires d'exploration sont présentées. Elles le sont de façon très sommaire afin d'éclairer le lecteur sur la possibilité de jongler encore plus avec les éléments du rêve. Chacune pouvant faire l'objet d'un ouvrage plus élaboré, des références sont proposées pour qui souhaite s'y familiariser davantage.

Ces stratégies complémentaires d'exploration sont comparables aux coups de ciseaux du sculpteur dans une pièce de bois ou de marbre : c'est en les répétant habilement, dirigé par ce qu'il voit, que la forme se dessine avec toujours plus de précision. Les stratégies proposées pour pousser plus à fond l'examen du rêve sont puisées de la documentation, de ma démarche personnelle avec le rêve et de l'animation de groupes d'exploration. Elles se concentrent essentiellement sur l'examen plus approfondi d'un rêve et l'examen plus exhaustif d'une série de rêves.

L'EXAMEN APPROFONDI D'UN RÊVE

Selon Freud, on n'a jamais la certitude d'avoir complètement interprété un rêve. Même lorsque ce qui en est compris semble satisfaisant et sans lacunes, il est toujours possible qu'un autre sens se révèle[177]. À l'instar du travail avec les pairs pour accéder à des perspectives différentes, revisiter un rêve déjà exploré peut conduire à des pistes nouvelles, imperceptibles à la première exploration. Un rêve du passé, consulté au présent, ajoute à l'information déjà obtenue, entrant en résonance avec ce qui se vit au moment de la relecture. Ce regard nouveau sur le rêve n'invalide pas la valeur de la démarche d'exploration proposée dans ce livre, mais témoigne plutôt de la richesse extraordinaire de son contenu pour nous permettre d'en bénéficier toujours davantage. Le rêveur peut donc gagner à poursuivre un travail de réflexion, voire d'introspection sur le rêve.

Pour approfondir l'examen du rêve, quelques techniques sont sommairement présentées ci-dessous. Elles sont surtout puisées des écrits de Garfield, de Gongloff et de Hamel, à leur tour inspirés des approches jungienne et gestaltiste. Ces techniques sont présentées successivement. Il s'agit du questionnement plus poussé des éléments du rêve, de leur exploration sous d'autres formes et, finalement, de l'exploration plus exhaustive d'une série de rêves.

Mais d'abord, il importe de souligner que l'écriture spontanée, découlant de l'exploration du rêve, et abordée au chapitre 4, s'inscrit parmi les outils pour approfondir la réflexion et créer de nouveaux ponts avec la vie éveillée. Aux ateliers d'exploration avec les pairs, les participants sont invités à s'adonner à cette pratique très

---

177. Sigmund Freud, *L'interprétation du rêve,* Paris, Presses Universitaires de France, janvier 2010, 756 p.

mobilisatrice, qui conduit presque inévitablement à faire évoluer la compréhension du rêve.

Le questionnement plus poussé des éléments du rêve

Il s'agit de jongler avec les éléments du rêve, qu'il s'agisse de personnages, d'animaux, d'objets, de situations ou autres, à l'aide d'une approche dynamique et interactive. Ces techniques ont en commun le questionnement des éléments mis en scène.

Pour Jung, les éléments du rêve renvoient à une partie de soi, issue de l'inconscient personnel, ou à quelque chose d'extérieur, issu de l'inconscient collectif. Le rêveur est invité à les considérer sous ces deux angles puisqu'il existe, entre sa conscience éveillée et le rêve, un enchevêtrement de relations d'une très grande finesse.

Corroborant ce qui précède, pour la gestalt-thérapie, chaque caractère ou élément du rêve renvoie à une facette du rêveur, émotions, conflits et sensations qui l'habitent. Laisser s'exprimer ces caractères ou éléments permet rapidement de faire des liens. Dans un article du *DreamTime Magazine*, Hoss et Hoss expliquent comment, mis en scène par le rêve, ces éléments sont de véritables clés pour en révéler le sens. S'appuyant sur la perspective de la gestalt-thérapie, ils précisent que le rêveur devient ceux-ci, *ces choses* du rêve[178].

Pour la même raison, Gongloff invite le rêveur à revisiter les éléments du rêve. Il lui suggère de se détendre profondément pour atteindre un état comparable à celui qui précède l'endormissement, afin de garder l'esprit ouvert à la nouveauté qu'ils reflètent[179]. À la frontière de la raison et de l'intuition, l'exercice permet d'investiguer davantage. Un peu comme l'écriture spontanée, mais de façon plus structurée, il s'agit de s'identifier à ces éléments et de les invi-

---

178. Robert J. Hoss, Lynne M. Hoss, « *Dream and Energy Psychology. The Dream Freedom Technique* », dans *DreamTime Magazine*, hiver 2011, p. 5.
179. Gongloff, *op. cit.*, 169 p.

ter à s'exprimer. C'est un peu enquêter sur la scène onirique en les faisant dialoguer entre eux. Ce faisant, il s'agit de laisser monter à la conscience des réponses libres de tout jugement, sans le filtre de la pensée rationnelle. L'auteur insiste sur le doute qu'un tel exercice peut soulever de prime abord. *Est-ce fabulation ou peut-on lui accorder un crédit?* En réponse à cette question, il précise qu'à l'instar du rêve ce qui en émerge à la pensée pour s'exprimer librement est issu de l'intérieur de soi, puisé à la même source.

Pour illustrer ce qui précède, voici deux exemples tirés de mon expérience personnelle.

Exemple 1 - Identification aux éléments du rêve

Titre : Machine qui ne fonctionne pas

> « Je suis devant un imposant appareil électroménager, du type aspirateur commercial. Je cherche comment le faire fonctionner. Alors que je ne vois vraiment pas comment y parvenir, une voix me dit tout à coup : C*'est simple, tu n'as qu'à le brancher.* Ravie, je m'exécute et branche l'appareil dans la prise de courant. »
>
> ***Sensations ou sentiments dans le rêve*** *: d'abord dépassée puis soulagée.*
>
> ***Sensations ou sentiments au réveil :*** *intriguée.*

Simple en apparence, la portée de ce rêve s'est déployée en m'identifiant successivement à *l'aspirateur commercial* et à *la prise de courant.* Avant de laisser s'exprimer les éléments du rêve, voici quelques-uns des schémas élaborés :

- quelqu'un cherche une solution et trouve enfin (à partir du rêveur);
- quelque chose d'allure insurmontable ne l'est pas (à partir de la situation);

- quelque chose paraît plus énorme qu'il ne l'est (à partir de l'aspirateur commercial).

Pour moi, l'*aspirateur commercial* signifiait quelque chose de gros et de lourd. Quant à la *prise de courant,* elle évoquait le contact, l'énergie. Après avoir établi les liens avec une situation de ma vie éveillée, voici, en m'identifiant à ces éléments pour les laisser s'exprimer, ce qui en est ressorti :

- *L'aspirateur commercial*
  - « Je suis une partie paralysante de toi, qui t'aspire et illustre ta propension à voir une montagne (commercial) là où il n'y a qu'aspérité. »

- *La prise de courant*
  - « Je suis ta capacité à laquelle tu peux aisément te brancher sans verser dans l'inquiétude, sans compliquer les choses, sans faire de détours. Je suis l'énergie que tu peux utiliser pour t'acquitter de tes obligations, t'acquitter de tâches qui te semblent insurmontables. Je suis à ta portée, tu n'as qu'à te servir; pas besoin de chercher ailleurs. »

L'identification à ces éléments me révélait que la situation que je percevais comme compliquée, à laquelle je me voyais confrontée, allait se résoudre dans la mesure où je puiserais dans mes ressources intérieures. J'avais en moi ce qu'il me fallait.

Exemple 2 - Dialogue entre les éléments du rêve

Titre : Envahissement

« Je dirige une réunion à laquelle participent plusieurs collègues. L'une d'elles accapare mon espace, s'empare de mes documents et de mes crayons, me laissant les mains vides pour animer la réunion. Je suis extrêmement agacée par ce comportement. »

Sensations et sentiments dans le rêve : frustrée, envahie

Sensations et sentiments au réveil : agacée.

Les schémas réalisés pour ce rêve :

- quelqu'un est agacé par le comportement de quelqu'un d'autre (à partir du rêveur);
- quelque chose n'est plus en contrôle (à partir de la situation);
- quelqu'un envahit l'espace de quelqu'un d'autre (à partir de la collègue).

Par la démarche d'exploration et l'écriture spontanée sur ce rêve, j'ai facilement pu en déduire qu'il s'agissait d'une frustration que j'avais avec cette collègue dans la vie éveillée, c'en était la caricature. Mais quoi faire? Le dialogue entre les personnages a mis en évidence ce qui suit :

- *La personne qui anime la réunion*
  - « Je déteste que tu me fasses cela. Tu as cette fâcheuse tendance à t'emparer de mes affaires personnelles et de mon rôle professionnel, et cela m'agace au plus haut point. Je ne me sens pas respectée. »

- *La collègue envahissante*
  - « Je trouve que tu laisses trop de latitude, que tu ne t'imposes pas assez. Prends la place qui te revient et je vais la respecter. Moi, si l'on me laisse la place, je la prends. »

Ce rêve me signifiait qu'une autre partie de moi m'invitait à m'imposer davantage, devant le faire pour trouver une meilleure aisance dans l'animation de ces rencontres. Je devais faire respecter certaines règles quand j'assumais ce type de responsabilité professionnelle. Bien sûr, des nuances s'imposent. Mais l'évidence était là, il me fallait accorder plus d'importance à cette dimension de moi qui cherchait à s'affirmer pour une collaboration plus satisfaisante avec cette collègue de nature directive et contrôlante. L'action subséquente devait se traduire dans mon attitude d'animatrice pour parvenir à éliminer cet irritant.

Le questionnement dynamique des éléments du rêve a cette capacité, lorsqu'on s'y prête avec l'abandon nécessaire, de faire cheminer à la conscience ce qui se présente, de fournir de l'information complémentaire ou nouvelle sur ce qui motive nos agissements, explique nos peurs, etc. Il contribue à sortir le rêveur du cercle vicieux créé par la répétition de comportements, propension naturelle de l'homme à chercher la sécurité dans ce qu'il connaît. Le rêve l'invite à s'en sortir pour donner libre cours à sa nature véritable et éliminer les barrières qui se sont dressées au fil du temps.

Pour Rita Hildebrant, les éléments du rêve n'ont rien du hasard, ils offrent au rêveur tout l'éclairage voulu pour vivre pleinement son potentiel et son authenticité en lui dévoilant des aspects qu'il ignore, enfouis profondément en lui. Ils ont cette faculté de le révéler à son entièreté, de lui réfléchir une image plus complète de lui-même que celle perçue par le moi conscient. Rien n'est laissé au hasard. En se donnant le temps de faire les liens entre les éléments du rêve et la vie éveillée, le rêveur peut observer leur évolution. Dans toute la souplesse dont il fait preuve pour s'ajuster au cheminement du rêveur, l'inconscient utilise de nouveaux éléments pour l'interpeller, là où il est rendu, dans la connaissance de soi[180].

Les exemples qui précèdent ne font qu'effleurer l'exploration plus poussée des éléments du rêve. De nombreux ouvrages en traitent. Le lecteur intéressé peut consulter le livre de Hamel, *De l'autre côté du miroir,* où elle donne des exemples concrets et plus

---

180. Rita Hildebrandt, *« The Dreaming Journey, Part 1, Differents Ways of Exploring Nightly Dreams »*, dans *DreamTime Magazine*, printemps 2010, p. 34.

élaborés; celui de Gongloff, *Dream exploration,* qui en traite; et la revue *Dream Time,* de l'ASD, qui, à ce propos, publie régulièrement des articles de différents experts du domaine, etc.

L'exploration des éléments du rêve sous d'autres formes

Maintes fois comparé à une production artistique, et souvent à la source de celle-ci, le rêve peut s'exprimer sous différentes formes pour ajouter aux outils déjà utilisés afin d'en extraire le sens.

Pour certains peuples, honorer ses rêves a toujours été et continue d'être un devoir. À l'opposé de notre culture tournée vers des aspirations plus impersonnelles dictées par des courants extérieurs et sous le joug de la consommation de biens matériels, des peuples ont gardé un contact étroit avec le rêve. Pour eux, le rêve correspond à l'expression de l'âme. Des peuples indiens d'Amérique du Nord et du Sud, aborigènes d'Australie, Indonésiens et Néo-Calédoniens, principalement de culture chamanique, se souviennent de leurs rêves et en font une description souvent très élaborée. Ils en échangent pour être mieux en mesure de s'en servir aux fins de leur destinée personnelle, et bien servir la communauté[181] [182]. Les Sénoïs de Malaisie, qui partagent leurs rêves avec la communauté, les honorent et s'en inspirent pour créer et les faire vivre sous différentes formes[183]. Pour Hamel, reproduire un rêve par une image peut provoquer un effet inattendu et révélateur. L'activité donne accès à des détails qui peuvent rendre plus explicite le message et, de ce fait, procurer une grande paix et une grande satisfaction d'avoir touché à quelque chose de profond en soi. L'effet serait encore plus saisissant lorsque la scène est reproduite en trois

---

181. Nathan, *op. cit.*, p. 105 et 106.
182. P. L. Garfield, *La créativité onirique. Du rêve ordinaire au rêve lucide,* Paris, Éditions de La Table Ronde (Collection Aventure Secrète), 1983, p. 106.
183. Collectif L'Arc-En-Ciel, *op. cit.*, 236 p.

dimensions. Hamel reconnaît là la valeur thérapeutique que Jung attribuait à cet exercice[184].

Dans le même sens, Garfield, dans son livre *Guérir par les rêves,* traite de l'effet du dessin sur la guérison. Psychologue au sein de différentes équipes médicales, elle s'appuie sur son expérience professionnelle et personnelle pour affirmer qu'en faisant le portrait de sa souffrance on peut mieux la comprendre et en alléger le poids. À partir d'un rêve contenant une image personnelle, elle propose de la dessiner, de la peindre, de méditer sur cette image et de l'analyser dans tous ses détails. Cela permet de découvrir et d'accueillir certains aspects de notre personnalité pour pouvoir évoluer[185].

Différentes techniques s'offrent au rêveur, le choix lui appartient. Il ne s'agit pas d'exprimer un talent artistique, même si cela peut s'avérer, mais de mettre en évidence les éléments marquants, les impressions, les sentiments, etc. Le dessin, le modelage, la sculpture, le collage, le chant, la musique, la rédaction de poèmes, le théâtre mettant en scène des éléments du rêve, etc., peuvent contribuer à l'expression plus poussée des éléments du rêve. Il importe pour le rêveur de privilégier la technique qui lui convient le mieux, qui est la plus libératrice pour lui, sans se laisser gêner par l'esthétique, l'apparence de ce qui en émergera.

Le lecteur qui le souhaite peut se référer à plusieurs ouvrages, entre autres, le livre d'Anne-Marie Jobin, *Le journal créatif,* qui expose quelques techniques. Différents ateliers sont offerts par des personnes ayant une expertise en art thérapie, que ce soit en psychothérapie ou dans un contexte de développement personnel se situant en dehors du traitement. Ces ateliers n'utilisent pas exclusivement le rêve, mais ce dernier en fait partie en ouvrant la porte sur ce qui se vit de l'intérieur.

184.Hamel, *op. cit.*, 204 p.
185.Garfield, *Guérir par les rêves, op. cit.*, p. 216-230.

L'exploration plus exhaustive d'une série de rêves

L'inconscient s'adresse au rêveur à travers une succession de rêves qui peuvent, mis en relation les uns avec les autres, lui exposer une vue encore plus complète de ce qu'il vit de l'intérieur. Même s'ils sont récurrents, ils visent, par certaines nuances, à pousser plus loin, à nous rapprocher toujours plus de notre nature profonde. Jung se disait très réticent à interpréter un rêve isolément. Pour lui, ce dernier fait généralement partie d'une série, d'une continuité dans les processus inconscients : « *[S]i nous nous sommes trompés dans une interprétation, ou si elle est restée incomplète, nous pouvons, le cas échéant, nous en apercevoir dès le rêve suivant*[186]. »

Comme les prises de vue d'un film, les rêves s'additionnent, se renforcent et évoluent pour refléter une image beaucoup plus complète de soi que ne le fait un rêve pris isolément. Ces rêves successifs comprennent des éléments d'une même histoire, de son histoire. Les lire, les uns à la suite des autres, permet d'en dégager la trame longitudinale, et les liens se font plus explicites avec la vie éveillée.

La mémoire du rêve étant très évanescente, l'habitude d'écrire ses rêves dans un journal pour pouvoir y revenir à volonté et les considérer sur de plus longues périodes s'avère très utile. Sans l'information à sa portée, il est difficile au rêveur de s'adonner à l'étude d'une série de rêves. Comme pour l'écriture spontanée, la relecture du journal favorise l'émergence de nouvelles informations en faisant ressortir des liens avec des rêves précédents et des événements nouveaux ou plus anciens de la vie éveillée. Pour alléger la tâche, cette relecture peut porter plus spécifiquement sur les messages notés au moment de l'exploration. Relire chaque rêve, s'il y en a plusieurs, risque de consommer beaucoup de temps et de

---

186. Jung, *L'âme et la vie, op. cit.*, p. 90 et 91.

s'avérer peu réaliste à travers les obligations quotidiennes du rêveur. Cela n'exclut pas de relire quelques rêves en profondeur pour mieux comprendre.

Un rêve pris isolément a certes sa valeur, mais elle est plus pointue et éphémère qu'une série de rêves qui renforcent la capacité du rêveur à faire des liens avec sa vie éveillée. Les gains sont décuplés en procédant ainsi, en se mettant plus fidèlement à l'écoute de sa sagesse intérieure pour accéder à un niveau supérieur de conscience. Le rêveur qui consacre du temps à observer l'évolution de ses rêves et établir des ponts avec les événements de sa vie éveillée en retire plus de satisfaction que celui qui s'adonne occasionnellement à l'étude de rêves isolés. Il est plus manifestement soutenu dans sa quête de sens et mobilisé vers l'action qui lui permet de se dépasser. Les mises en scène successives contribuent à préciser les questions sur lesquelles l'inconscient veut attirer l'attention pour nourrir la réflexion du rêveur.

Il va sans dire que de grandes questions habitent tous les êtres humains! S'appuyer sur une grille d'analyse simple pour dégager celles qui reviennent le plus souvent, pour une période donnée, une quinzaine, un mois, etc., peut faciliter le travail de réflexion. Une telle grille permet de circonscrire pour quel domaine de sa vie le rêveur est le plus interpelé sur la scène du rêve. Elle pourrait servir à mettre en évidence des besoins tels que se reconnaître soi-même, être reconnu par les pairs, interagir de façon plus harmonieuse avec les autres, se réaliser davantage, etc.

Dans la littérature, ces domaines font l'objet de catégories différentes selon l'angle avec lequel on les aborde, selon le champ d'expertise de chacun, etc. La grille proposée à la page suivante permet d'observer comment se répartissent les rêves, pour une période donnée, en les distribuant selon les domaines personnel, familial, social, professionnel et spirituel qui cohabitent en chacun de nous. Pour chacun, elle permet de distinguer les besoins plus spécifiques qui reviennent le plus souvent dans la vie de chacun.

GRILLE DE COMPILATION DE RÊVES POUR UNE PÉRIODE DONNÉE

DOMAINE	*BESOIN*				*TOTAL*
	Reconnaissance de soi	*Reconnaissance des pairs*	*Relation aux autres*	*Réalisation de soi*	
Personnel (santé, sécurité, affection, etc.)					
Familial					
Social (relations, loisirs)					
Professionnel (sécurité, compétence, affirmation, etc.)					
Spirituel (désir de s'approfondir, quête de sens)					
TOTAL					

Les domaines et les besoins principaux étant identifiés, le rêveur peut maintenant observer comment il se comporte dans ses rêves. *En général est-il impuissant? Fuit-il? Ou, au contraire, s'affirme-t-il? Ses rêves sont-ils optimistes, lumineux, ou plutôt sombres et tourmentés? Quels sont les sentiments dominants? Est-ce qu'une évolution transparaît? Est-ce que les efforts conscients de sa vie éveillée font évoluer les sentiments qui dominaient dans les rêves précédents ou révèlent-ils le statu quo?*

Toute cette information apprend au rêveur sur ce qu'il vit, et ce sur quoi il devrait faire porter sa réflexion et envisager des changements pour avancer. Se souvenir, en se prêtant à l'exercice, que le rêve traite à la fois du problème et de la solution. Si, petit à petit, par des scénarios successifs, différents ou non, le rêve dévoile au rêveur des situations problématiques, en contrepartie, il suggère progressivement des avenues de solution.

Il faut éviter dc sc laisser prendre par l'interprétation au premier niveau, réflexe persistant de la pensée logique, quand vient le moment de classer le rêve dans l'un ou l'autre des domaines de la grille. Ne pas se fier systématiquement au lieu du rêve, maison, travail ou autre, pour identifier le domaine. Les exemples utilisés au chapitre 5 illustrent bien cette nuance. Le rêve *Les patins roses* se passait à domicile sur la scène du rêve alors qu'il traduisait une préoccupation professionnelle. Celui de la dame retraitée intitulé *Aventure* illustrait une relation intime avec un patron pour attirer l'attention de la rêveuse sur une dimension bien personnelle de sa vie de retraitée et non sur sa vie professionnelle. Si le lieu peut servir d'indicateur, il ne l'est pas à tout prix : il faut demeurer vigilant.

Les questions soulevées par l'analyse d'une série de rêves sont multiples, et les observations s'avèrent plus intéressantes les unes que les autres. Indiquant au rêveur ce sur quoi il devrait s'interroger, réfléchir et agir, le rêve lui reflète fidèlement l'évolution sur la voie de sa réalisation personnelle. Gongloff, dans son livre *Dream exploration* propose une grille plus élaborée intitulée *The Theme*

Matrix. Elle peut s'avérer intéressante pour le lecteur désireux d'approfondir cette analyse[187].

Le fruit des efforts réalisés pour mieux comprendre se traduit fréquemment par des rêves plus harmonieux ou encore adressés à d'autres aspects de sa vie à considérer, empêchant le rêveur actif de tourner en rond dans sa quête de sens. Prendre l'habitude de relire son journal de rêves permet donc d'accéder à une vision plus dynamique que statique de soi. Ce n'est pas nécessaire d'attendre la tempête pour procéder à l'introspection. Les prises de conscience qui en découlent peuvent prévenir des événements fâcheux par des actions mieux ciblées, plus réfléchies. C'est en apprenant à nager en eau claire qu'il sera plus facile de nager en eau trouble.

À juste titre, Ullman a comparé le rêve à l'œuvre de l'artiste, précisant que c'est le destinataire qui les distingue. En septembre 2009, au Musée national des beaux-arts du Québec, Guy Corneau a présenté un survol de l'évolution des œuvres de Chagall, de Riopel et de sa sœur Corno. Il a démontré comment, en s'exprimant et expérimentant sur sa toile, l'artiste laisse filtrer la lumière qui se substitue aux aspects plus sombres de son œuvre. Il ne fait pas de doute dans mon esprit qu'à l'instar de l'œuvre de l'artiste, à mesure que le travail sur soi s'approfondit et que les tensions intérieures se libèrent, les rêves se font plus lumineux, reflets d'une plus grande harmonie.

En cours ou au terme de l'exercice d'introspection avec une série de rêves, le rêveur peut arriver à un point où il sent le besoin d'un accompagnateur externe. Si tel est le cas, il peut être indiqué d'aller chercher de l'aide pour y voir plus clair, qu'il s'agisse d'échanger spontanément avec des personnes de confiance ou encore de consulter des ressources spécialisées pour se faire aider. Rappelons que la démarche d'exploration de ses rêves, plus en profondeur, lui aura donné accès à une compréhension plus complète

187. Gongloff, *op. cit.*, p. 31-48.

de lui-même, et ainsi permis d'amorcer une réflexion pour laquelle il souhaiterait se faire accompagner.

L'ACTION POUR INTÉGRER

Pour compléter le processus dynamique du travail avec le rêve, le rêveur peut agir directement sur le rêve ou engager l'action dans sa vie de tous les jours.

Agir directement sur le rêve

En raison de l'influence réciproque des scènes oniriques et des comportements de jour, agir sur le rêve peut contribuer à une plus grande harmonie. C'est pourquoi il peut être intéressant de revoir un rêve afin de le repenser autrement, avec sa conscience éveillée, ou encore agir sur le scénario pendant que se joue la scène virtuelle. Dans le premier cas, le rêveur éveillé modifie son rêve; dans le second cas, pendant le rêve, il a conscience de rêver et en dirige l'action.

Avec la conscience éveillée, imaginer le rêve autrement

Après avoir noté le plus intégralement possible son rêve, plusieurs auteurs suggèrent de l'imaginer autrement, de le faire évoluer de manière plus satisfaisante. Par exemple, le rêveur piégé, qui cède à la panique dans un rêve, peut le réécrire en y jouant un rôle plus dynamique pour sortir de l'impasse dans laquelle il se trouvait dans la version originale. Cette pratique peut d'abord être perçue comme une fuite pour faire évoluer les choses à son avantage, et réduire au silence l'inconscient qui cherche à informer la conscience éveillée. Il n'en est rien cependant. Plutôt que de leurrer le rêveur, cette révision du scénario sert à lui donner le sentiment d'une plus grande confiance en lui-même. Les rêves subséquents en sont souvent influencés. D'observateur ou de victime sur la scène onirique, il deviendra le meneur de jeu. De nombreuses études ont mis en évidence l'effet de cette pratique sur le comportement diurne du rêveur. Entre autres, elle est utilisée en clinique pour aider les personnes aux prises avec des cauchemars post-traumatiques, pour améliorer la confiance en soi chez des enfants perturbés, etc. Elle peut également servir à ceux et celles qui s'empêchent de dormir pour fuir des rêves perturbateurs, et leur permettre de mieux s'abandonner au sommeil réparateur de la nuit.

Il va sans dire que les épreuves de la vie ne cesseront pas pour autant, elles en font partie. Cependant, elles seront vues, interprétées et intégrées avec plus d'ouverture sans le sentiment d'être écrasé, paralysé par le cours des événements.

Garfield explique que les images oniriques sont l'expression des images intériorisées du rêveur sur lui-même et sur les autres, et qu'elles sont également le reflet de son rapport à lui-même et à son environnement. Pour cette raison, en modifiant les événements sur la scène virtuelle du rêve qui se déroule à l'intérieur, il agit sur « *la perception qu'il a de lui-même et du monde*[188] ». Pour elle, ce transfert des acquis de la vie onirique à la vie diurne va dans le même sens que les effets de la thérapie comportementale appliqués à l'état de veille.

La réécriture d'un scénario de rêve incite également le rêveur à préciser davantage ce qu'il veut changer et, de ce fait, envisager des actions futures plus satisfaisantes. Sans nécessairement réécrire le rêve, il est également possible, pendant les réveils de la nuit, d'imaginer autrement le scénario d'un mauvais rêve pour le faire évoluer de manière plus satisfaisante. Cette pratique contribue à évacuer la tension défavorable au sommeil, produite par un rêve déstabilisant[189].

---

188. Garfield, *La créativité onirique, op. cit.*, p. 117.
189. Delaney, *op. cit.*, 362 p.

Pendant le rêve, en diriger l'action

Le rêve lucide est celui pendant lequel le rêveur a conscience de rêver. Il sait qu'il rêve et peut en diriger l'action. Comme la réécriture ou la visualisation du rêve avec un scénario plus satisfaisant, cette méthode permet de sortir des scénarios répétitifs où le rêveur tourne en rond, stagne dans une impasse, se sent piégé, etc. La lucidité est possible dans la mesure où la prise de conscience de rêver ne provoque pas le réveil par l'excitation qu'elle crée.

Hamel insiste pour bien distinguer l'état du rêve lucide où nous avons une conscience claire d'être endormis de celui où nous ne sommes pas tout à fait réveillés. La lucidité en rêve permet d'orienter l'action, de prendre le contrôle en quelque sorte, puisque nous sommes conscients de rêver. Elle permet : « *[—] d'aller explorer une situation problématique de la vie éveillée, par exemple rencontrer certaines personnes avec lesquelles nous sommes en conflit. [—] L'arrivée de ce type de rêve dans notre vie onirique marque souvent le début d'une plus grande conscience de soi et peut aider à la faire grandir encore davantage : c'est d'ailleurs là sa fonction toute particulière*[190]. »

Selon les experts, les rêves de vol font souvent partie du début de la lucidité en rêve. Voler en rêve n'est pas en soi un rêve lucide, mais d'en avoir conscience pendant que cela se produit et diriger l'action en est un. Le rêveur conscient de voler, à l'intérieur de son rêve, peut décider de franchir sans difficulté les obstacles créés par des fils électriques, des panneaux de circulation au-dessus d'une autoroute, etc.

Comme pour la réécriture de la scène onirique, la recherche démontre l'efficacité du rêve lucide pour amener le rêveur à s'affirmer non seulement sur cette scène, mais également dans son quotidien. Selon Garfield, il est favorable au dépassement de soi, à la progression dans une spirale évolutive. De nombreux auteurs en

---

190. Hamel, *op. cit.*, p. 42.

traitent plus exclusivement en élaborant sur les stratégies pour y parvenir et sur son utilité, tant en thérapie qu'en développement personnel. Stephen Laberge, docteur en psychophysiologie et chef de file pour l'étude scientifique de ce type de rêve, a publié plusieurs volumes sur le sujet dont *Le rêve lucide : le pouvoir de l'éveil et de la conscience dans vos rêves*[191]. Garfield en traite, entre autres, dans *Guérir par les rêves* et *La créativité onirique*. Le site de l'International Association for the Study of Dreams, *www.asdreams.org*, propose sur le sujet des articles et des auteurs intéressants.

Engager l'action dans sa vie éveillée

Jusqu'ici il a surtout été question du travail avec le rêve pour accéder à une connaissance plus fine, plus complète de soi. Pour prendre tout son sens, ces nouveaux acquis doivent s'incarner dans le quotidien, servir de tremplin pour le passage à l'action, voire à l'intégration.

La nécessité d'agir

C'est une chose de prendre conscience d'une situation qui nous interpelle, c'en est une autre de passer à l'action pour la faire évoluer. À cet effet, Gongloff rapporte les propos de Robert Bosnak, analyste jungien et expert du travail avec le rêve. Pour ce dernier, ce que nous tirons de cette nouvelle connaissance est faible comparativement au changement qui se produit quand nous nous engageons sérieusement dans l'action qui en découle[192].

Pensez seulement à ces formations que nous allons tous chercher, un jour ou l'autre, avec la ferme intention de nous en servir

191. S. Laberge, *Le rêve lucide. Le pouvoir de l'éveil et de la conscience dans vos rêves*, Neuffontaines, Éditions ONIROS (collection « Rêvéveil »), 1991, 299 p.
192. Gongloff, *op. cit.*, p. 94.

plus tard. Le moment venu, il suffit qu'un peu de temps se soit écoulé pour constater que la connaissance théorique s'est dissoute, n'ayant pas franchi l'étape de mise en application pour s'intégrer.

Cette obligation sur le chemin de la réalisation est universelle. Les entreprises qui gèrent leurs activités sur les bonnes paroles, sans élaborer de plan de mise en œuvre par des actions concrètes, ont une vie beaucoup plus éphémère et plus terne que celles qui s'incarnent dans la réalité pour soutenir leur vision et leurs objectifs. Nous l'observons plus facilement à grande échelle, alors qu'individuellement nous sommes interpellés par la même responsabilité. Le rêveur informé progressera au prix d'actions concrètes pour s'engager sur le processus du changement auquel il est convié.

À l'inverse de ce que l'on observe pour les ressources matérielles, le rêve ne s'épuise pas avec l'utilisation. Il accompagne fidèlement le rêveur qui maintient le dialogue avec lui, l'entretenant de son évolution sur la voie de la transformation. Pour Nathan, le temps du rêve est un temps de bâtisseur qui conduit à un processus de renouvellement continu, entraînant de nouvelles pensées, de nouveaux rêves, de nouvelles décisions et actions. Pour Bornemiszia, se servir de ses rêves et passer à l'action envoie un message clair à l'inconscient : « *Cela permet d'avertir l'inconscient : le rêve a été reçu, merci, il va être intégré et utilisé*[193]. » Cela contribue à prévenir la récurrence de rêves et crée de l'espace pour de nouvelles informations, de nouvelles mises en conscience.

Sans prendre forme dans la vie éveillée, l'information obtenue se noie dans l'hyperactivité de la vie quotidienne et ne permet pas de s'élever pour progresser. Elle ne fait que satisfaire un besoin de curiosité, l'action nécessaire n'étant pas au rendez-vous pour progresser sur sa voie personnelle.

193.Labonté et Bornemisza, *op. cit.*, p. 249.

La nature des actions

Les actions découlant des connaissances mises à jour par l'exploration de rêves n'ont pas besoin d'être spectaculaires, il s'agit parfois de petits pas feutrés pour progresser sur la voie privilégiée. La visibilité de l'action pour l'œil importe peu; ce qui compte, c'est de sentir, de l'intérieur, le mouvement dans la bonne direction.

Parfois même, le rêve invite à demeurer à l'écoute, à ne pas forcer les choses, incitant à la patience plutôt qu'à l'activation infructueuse. Il peut s'agir de changer d'attitude, de montrer plus d'ouverture ou d'être plus attentif à une situation, de faire face plutôt que de fuir, etc. Par exemple, la prise de conscience d'une tendance naturelle à se placer dans un rôle de victime pourrait inciter le rêveur au changement. Elle pourrait l'inviter à s'impliquer, jouer pleinement le rôle qui lui revient et être plus attentif à ses propres comportements, à reconnaître sa part de responsabilité par rapport à ce qu'il vit, etc. L'action éclairée par cette voix intérieure lui permet de reprendre du pouvoir sur sa vie et, consécutivement, sur son bien-être. La direction vers laquelle le rêveur doit orienter ses efforts pour être plus en phase avec lui-même se précise à mesure qu'il réalise des gestes concrets.

Pour ce faire, il faut se donner le temps et le droit à l'erreur. Il est possible que l'action ou les actions posées ne donnent pas les effets escomptés; ce n'est pas dire que le rêveur est berné par son inconscient. Il est possible que ce chemin bien particulier lui ait été indiqué pour apprendre à mieux se connaître ou à intégrer certains apprentissages. En progressant dans cette démarche, se souvenir qu'un rêve non compris ou mal compris sera suivi de rêves subséquents ou d'événements de jour qui le clarifieront. L'essentiel est d'oser, d'accepter de se déstabiliser, de se dépasser pour pouvoir observer des résultats et s'ajuster.

Tout ça, vous l'aurez constaté, s'accorde avec la logique de gestion du changement. Le rêve reflète l'avancement personnel sur cette voie. Il expose fidèlement au rêveur son degré d'harmonie ou non avec ce qui se vit à l'intérieur, et met automatiquement à jour le portrait de son évolution. À cette fonction baromètre sur la situation vécue, il laisse entrevoir des avenues de solutions pour retrouver l'équilibre et progresser sur le chemin de sa propre destinée.

Conclusion

Sur le chemin qui mène à soi, cet ouvrage expose la capacité du rêve à éclairer nos pas. Il décrit de quelle façon, ouvrant sur une connaissance plus approfondie de soi, il recèle un potentiel d'harmonisation inestimable entre ce qui se vit sur les scènes extérieure et intérieure. Pour accéder de manière autonome à ce potentiel, il propose également une démarche d'exploration de ses rêves, seul ou avec les pairs.

Si, pour moi, l'aventure de cette communication sur les rêves s'arrête ici, pour certains, c'en est une qui débute, sur la trajectoire menant du désir de les comprendre au plaisir de les intégrer dans son quotidien, aventure guidée par la sagesse de ce qui émane des scènes oniriques. S'engageant sur cette voie à son rythme, et fermant temporairement et assidûment la porte à ce qui se passe dehors pour mieux sentir ce qui se passe dedans, cette démarche très personnelle sera source de découvertes plus précieuses les unes que les autres. La vie semblable à la mer, parfois étale en surface, abrite un univers plus complexe et plus vaste. S'en approcher et y pénétrer permet d'en apprécier tant la beauté que l'agitation qui l'anime plus en profondeur. Il va sans dire que, dans les périodes de remous, ce rendez-vous avec soi peut être salutaire. L'inconscient est fidèle; au moment où nous lui consacrons du temps, il nous informe de manière originale et sans cesse renouvelée.

Au début du travail avec le rêve, se sentir gauche est tout à fait normal. C'est un réel apprentissage que de découdre cette tendance à prendre les choses pour ce qu'elles sont, au plan littéral, alors que le rêve nous parle en symboles la plupart du temps. Regarder ses rêves autrement, c'est aussi admettre qu'ils peuvent conduire à un questionnement plutôt qu'à des réponses claires et univoques. C'est l'entraînement qui permet de réaliser que la portée de l'exercice réside autant dans le processus que dans le résultat, et qu'on en retire plus de satisfaction.

Pour se familiariser au langage du rêve et à son exploration, rappelez-vous qu'il est possible de constituer un groupe, de vous entraider pour y parvenir. Aller chercher l'aide d'une personne habiletée à travailler avec le rêve et à animer des groupes pour amorcer votre démarche ou la valider peut représenter une première étape vers l'autonomie à explorer vos rêves. Ainsi, lorsque vous vous sentirez plus à l'aise, vous pourrez voler de vos propres ailes.

Alors que notre planète traverse une période ponctuée de conflits, de bouleversements politiques, économiques, écologiques, etc., le travail sur soi s'inscrit honorablement dans les moyens pour accéder à un monde meilleur. Reprendre du pouvoir sur sa vie, c'est améliorer discrètement la trame de ce monde instable, source d'un sentiment d'impuissance qui nous porte naturellement à baisser les bras. Cet aphorisme énoncé par René Dubos (1901-1982), microbiologiste, au sujet de la prise de conscience des problèmes environnementaux générés par l'activité humaine : *Penser globalement et agir localement*, prend tout son sens ici. La paix dans le monde ne commence-t-elle pas en chacun de nous?

Sur la route qui mène à soi, que cette aventure soit source de paix et d'une grande harmonie!

Remerciements

Avec les auteurs et experts cités à quelques reprises dans cet ouvrage, des personnes de mon entourage ont contribué, chacune à leur façon, à alimenter l'idée de ce projet d'écriture et entretenir la flamme nécessaire pour le mener à terme.

Merci à Ginette Bernier, animatrice de groupes d'études de rêves, qui a su, dans toute sa sagesse, si modestement et si finement nourrir chez moi cet intérêt pour le rêve et faire naître le désir de pousser plus loin ma réflexion. Mon contact avec l'École internationale de Rêves m'a également permis d'apprécier une autre façon de travailler avec le rêve. Merci à Nicole Gratton de m'y avoir accueillie. Je dois beaucoup à Joanne Bouchard, et c'est peu dire, pour l'enthousiasme qu'elle m'a communiqué dès le moment où a commencé à se dessiner pour moi l'idée d'écrire sur le sujet. En plus de sa rétroaction sur les textes, avant que le projet ne prenne forme, et jusqu'à sa fin, elle n'a jamais douté, parfois moins que moi-même, de l'intérêt d'un tel ouvrage et de ma capacité de le rendre à terme. Merci également à Jocelyn Demers, excellent pédagogue, pour la générosité dont il a fait preuve en me prodiguant de précieux conseils pour la rédaction de ce livre. Le passage de l'idée qui prend forme dans la pensée à l'expression écrite qu'on en fait pour lui être le plus fidèle possible est un art qu'il faut apprendre à maîtriser. Dans la fébrilité d'une première expérience d'écriture, en dehors du contexte organisationnel qui m'était connu jusque-là, un tel appui n'a pas de prix.

Merci à Armande Blouin, psychologue dans sa vie professionnelle et de tous les jours, et à Lynn Sutton, ergothérapeute passionnée par l'art thérapie et par le rêve, pour le regard critique qu'elles ont jeté sur la première version de cet ouvrage. J'avais besoin de leurs impressions sur la valeur ajoutée du propos, la pertinence de certains éléments de contenu, et l'organisation de l'information. Bien que ce contenu n'engage que moi, elles ont contribué à me faire clarifier ma pensée et à me dépasser.

Merci également à Denyse Beaudet, conférencière, chercheuse et auteure de livres traitant du rêve chez l'enfant, qui a su m'encourager et influencer ma démarche, simplement, en partageant avec moi sur son expérience personnelle et professionnelle sur le sujet. Nos échanges, bien que limités par la distance géographique, ont contribué par leur intensité à renforcer ma motivation à aller de l'avant et avec le rêve et avec le projet d'écriture.

Il va sans dire que je ne peux passer sous silence les personnes qui ont participé à mes ateliers et qui m'ont alimentée dans le raffinement de la démarche d'exploration proposée. En me faisant confiance et en m'offrant l'opportunité de les accompagner dans l'étude de leurs propres rêves, dans cette aventure pour accéder à une plus grande autonomie, elles ont été une source inestimable d'apprentissage et d'inspiration. Avec leur autorisation, quelques rêves issus de ces échanges sont cités en exemples ici et là, pour soutenir la compréhension de la démarche proposée dans cet ouvrage.

Merci à André Bissonnette, homme qui jongle avec les mots et les maux du cœur, d'avoir rédigé la préface de mon livre.

Je ne suis sans doute pas la première et ne serai pas la dernière à en témoigner : être totalement habitée par la conception et la réalisation d'un tel projet, c'est se soustraire partiellement et parfois beaucoup plus à sa présence aux autres. Pour le partenaire de vie, c'est un renoncement à la disponibilité habituelle de l'autre. Je suis extrêmement reconnaissante à mon conjoint d'avoir témoigné de cette ouverture, fait preuve d'une grande patience tout au long du processus. Je dois également beaucoup à nos deux fils pour leur appui inconditionnel. Leur regard ne laisse pas indifférent mon cœur de mère, il a été porteur d'une belle énergie pour réaliser ce projet.

Bibliographie

VOLUMES

Aron, E. N. *Ces gens qui ont peur d'avoir peur. Mieux comprendre l'hypersensibilité*. Montréal, Les Éditions de l'Homme, 2005, 314 p.

Adrienne, C. *Votre mission de vie. Comment trouver votre place dans le monde grâce à l'intuition et à la synchronicité.* Saint-Léonard, Éditions du Roseau, 1999, 430 p.

Angelard, C. *La médecine soigne, l'amour guérit. Comment la maladie nous révèle à nous-même*. Anjou, Les Éditions Fides, 2010, 157 p.

Beaudet, D. *Dreamguider. Open the Door to Your Child's Dreams*. Charlottesville, Hampton Road Publishing Company Inc., 2008, 181 p.

Bombardier D. et Saint-Laurent, C. *Le mal de l'âme. Essai sur le mal de vivre au temps présent.* Paris, Les Éditions Robert Laffont, 1989, 212 p.

Brebion, J.-P. *L'empreinte de l'âme. Psychologie de l'âme*. Aubagne, Éditions Quintessence (Collection Ressources et Santé), 2007, 246 p.

Brillon, M. *Les émotions au cœur de la santé. Mieux connaître nos émotions pour s'en faire des alliées*. Montréal, Les Éditions de l'Homme, 2009, 244 p.

Caldwell, J. P. *Le sommeil. Le comprendre et l'améliorer, ses troubles et ses remèdes.* Association médicale canadienne, Laval, Éditions Guy Saint-Jean (collection Santé), 1997, 269 p.

Chödrön, P. *Sur le chemin de la transformation*. Paris, Éditions La Table Ronde, 2003, 123 p.

Collectif l'Arc-en-ciel. *Et si les rêves servaient à nous éveiller... Vos rêves vous captivent?* Outremont, Les Éditions Quebecor, 2004, 236 p.

Corneau, G. *Revivre!* Montréal, Les Éditions de l'Homme, 2010, 307 p.

Delaney, G. *La clé des rêves. Tout ce que vous devez savoir sur les causes des rêves, leur signification et leur utilisation pendant l'éveil*. Varennes, Éditions ADA, 2006, 362 p.

Dement W. C. et Vaughan, C. *Avoir un bon sommeil*. Paris, Éditions Odile Jacob, 2000, 432 p.

Drouin J. *Guérir sa vie. Les six clés essentielles pour gérer sa santé*. Québec, Éditions le Dauphin Blanc, 2006, 161 p.

Fluchaire, P. *La révolution du rêve*. Paris, Éditions Dangles (Collection Psycho-soma), 1985, 354 p.

Fortin, C. *Rêves prémonitoires. Quand le futur se dévoile*. Montréal, Éditions Flammarion Québec (Collection advenir), 2005, 207 p.

Frankl, V. E. *Découvrir un sens à sa vie avec la logothérapie*. Montréal, Les Éditions de l'Homme, 2006, 130 p.

Freud, S. *L'interprétation du rêve*. Paris, Presses Universitaires de France, janvier 2010, 756 p.

Gaboury, P. *L'homme qui commence. Croissance spirituelle et liens cosmiques*. Boucherville, Éditions de Mortagne, 1993, 309 p.

Garfield, P. *Guérir par les rêves. Les interpréter pour se soigner.* Paris, Éditions Albin Michel, 1994, 371 p.

Garfield, P. L. *La créativité onirique. Du rêve ordinaire au rêve lucide*. Paris, Éditions de La Table Ronde (Collection Aventure Secrète), 1983, 250 p.

Gongloff, R. P. *Dream Exploration*. Woodbury, Llewellyn Publications, 2006, 169 p.

Gratton, N. et Séguin, M. *Les rêves en fin de vie. 100 récits de rêves pour faciliter la grande traversée*. Montréal, Éditions Flammarion Québec, 2009, 178 p.

Hamel, J. M. *De l'autre côté du miroir*. Montréal, Éditions Quebecor, 2006, 204 p.

Hillman, J. *Le code caché de votre destin*. Paris, Les Éditions Robert Laffont, 1999, 309 p.

Janssen, T. *Le travail d'une vie. Quand psychologie et spiritualité donnent un sens à notre existence*. Paris, Éditions Robert Laffont S.A. (Collection Marabout), 2001, 312 p.

Jobin, A.-M. *Le journal créatif. À la rencontre de Soi par l'art et l'écriture*. Montréal, Éditions du Roseau, 2002, 259 p.

Jouvet, M. *Le sommeil et le rêve*. Paris, Éditions Odile Jacob (Collection Poche Odile Jacob), 1992, 242 p.

Jung, C.G. *L'âme et la vie*. Paris, Éditions Buchet/Chastel (Collection Le Livre de Poche), 1963, 415 p.

Jung, C.G. *Les racines de la conscience*. Paris, Éditions Buchet/Chastel (Collection Le Livre de Poche), 1971, 706 p.

Jung, C.G. *Psychologie de l'inconscient*. Lausanne, Éditions Georg (Collection Le Livre de Poche, références), 1993, 218 p.

Laberge, S. *Le rêve lucide. Le pouvoir de l'éveil et de la conscience dans vos rêves*. Neuffontaines, Éditions Oniros (collection « Rêvéveil »), 1991, 299 p.

Labonté, M.-L. et Bornemisza, N. *Se guérir grâce à ses images intérieures*. Montréal, Éditions de l'Homme, 2006, 266 p.

Lesser, E. *Le bing-bang intérieur. Quand les épreuves guérissent l'âme*. Montréal, Les Éditions Le jour, 2007, p. 379 p.

McTaggart, L. *L'univers informé. La quête de la science pour comprendre le champ de la cohérence universelle*. Outremont, Éditions Ariane, 2005, 311 p.

Morin, C. *Vaincre les ennemis du sommeil*. Montréal, Les Éditions de l'Homme, 2009, 231 p.

Nathan, T. *La nouvelle interprétation des rêves*. Paris, Éditions Odile Jacob, 2011, 249 p.

d'Ormesson, J. *C'est une chose étrange à la fin que le monde*. Paris, Les Éditions Robert Laffont, 2010, 324 p.

Perls, F., Hefferline, Ralph E. et Goodman Paul D. *Gestalt Thérapie. Vers une théorie du Self : nouveauté, excitation et croissance*. Montréal, Éditions internationales Alain Stanké, 1979, 291 p.

Ryback D. et Sweitzer, L. *Les rêves prémonitoires. Comment les reconnaître et les interpréter*. Mesnil sur l'Estree France, imprimé par la Société Nouvelle Firmin-Didot, 1991, 250 p.

Thurston, M. *Les rêves. Réponses d'aujourd'hui aux questions de demain*. Boucherville, Les Éditions de Mortagne, 1994, 293 p.

Ullman M. et Zimmerman, N. *La sagesse des rêves*. Montréal, Éditions internationales Alain Stanké, 1979, 252 p.

Varela, F. J. (sous la direction de). *Dormir, rêver, mourir. Explorer la conscience avec le Dalaï-Lama*. Paris, Éditions NIL, 1998, 326 p.

Vézina, J.-F. *Les hasards nécessaires. La synchronicité dans les rencontres qui nous transforment*. Montréal, Les Éditions de l'Homme, 2001, 217 p.

Von Franz, M.-L. *Rêves d'hier et d'aujourd'hui*. Paris, Éditions Albin Michel (Collection Espaces Libres), 1992, 203 p.

PÉRIODIQUES

Hildebrandt, R. *« The Dreaming Journey, Part 1, Differents Ways of Exploring Nightly Dreams »,* dans *DreamTime Magazine*, printemps 2010, p. 34.

Hoss, Robert J. Hoss, Lynne M. *« Dream and Energy Psychology. The Dream Freedom Technique »*, dans *DreamTime Magazine*, hiver 2011, p. 5.

Pannier, W., Sundstrom, G. et Stimson W. *« In Memoriam : Montague Ullman (1916-2008) »*, dans *DreamTime Magazine*, automne 2008, p. 11-14.

W. Ullman. *« From Whence Do Dreamers Come? »,* dans *DreamTime Magazine*, printemps 2010, p. 10-13.

DOCUMENTS INTERNET

Association Française pour l'Information Scientifique, dans *Science…* et pseudo-sciences, [www.pseudo-sciences.org/spip.php] (consulté le 17 février 2011).

Crabbé, J.-M. dans *Sommeil et rêves. Chronologie et rythmes biologiques,* [www.sitemed.fr], mis à jour le 2 avril 2010 (consulté le 11 mai 2010).

Crabbé, J.-M. *« La fonction du sommeil paradoxal »*, dans *Sommeil et rêves* (mis à jour le 3 mars 2010), [www.sitemed.fr] (consulté le 11 mai 2010).

Crabbé, J.-M. *« Le sommeil paradoxal, une physiologie du rêve »*, dans *Sommeil et rêves* (mis à jour le 3 mars 2010), [www.sitemed.fr] (consulté le 7 décembre 2010).

Crabbé, J.-M. dans *Sommeil et rêves : psychique et physiologique, les deux faces de notre vie*. Paris, Éditions Ellébore (collection Champs ouverts), 2003, p. 36. [http://books.google.ca/] (consulté le 10 juin 2011).

Dang-Vu, T.T. et all. *« Dreaming : A Neuromaging View »*, Archives suisses de neurologie et de psychiatrie, 2005, p. 415-424.

[www.sanp.ch/pdf/2005/2005-08/2005-08-111.PDF] (consulté le 20 octobre 2010).

Deslauriers, J.-P. Réflexions sur le colloque *« Travail social et empowerment à l'aube du XXIe siècle »*, dans *Nouvelles pratiques sociales*, vol. 12, no 2, décembre 1999, Québec, Les presses de l'Université du Québec, p. 165-169, [http://id.erudit.org/iderudit/000059ar] (consulté le 20 juillet 2011).

Douglas. Institut universitaire en santé mentale. *« Troubles des rythmes circadiens (veille/sommeil) »*, dans *Passeport santé*, octobre 2010, [www.passeportsante.net] (consulté le 7 décembre 2010).

Drolet, M. *« L'empowerment et intervention familiale : concept paradoxal occultant parfois la pauvreté »*. École de Service social, Université d'Ottawa, Éditions Reflets dans *Revue d'intervention sociale et communautaire*, vol. 3 no 1, printemps 1997, p. 55-79, [http://id.erudit.org/iderudit/026151ar] (consulté le 20 juillet 2011).

Hennevin, E. *« Le rêve vu par les neurosciences »* dans la revue *Champ psychosomatique*, mars 2003, no 31, p. 78, [www.cairn.info/revue-champ-psychosomatique-2003-3-page-69.htm] (consulté le 7 juillet 2010).

Ouellet, F. René J.-F. et all. *« Intervention en soutien à l'empowerment. Naître égaux-Grandir en santé »*, dans *Nouvelles pratiques sociales*, vol. 13, no 1, juin 2000, p. 85-102, Québec, Les presses de l'Université du Québec; [http://id.erudit.org/iderudit/000007ar] (consulté le 20 juillet 2011).

Schwartz, S., Dang-Vu, T.T., Ponz, A., Duhoux, S. et Maquet, P. *« Dreaming : A Neuropsychological View »*, Geneva University Medical_ Center & University Hospital, Liège University & CHU, (août 2005), p. 426-439., [http://labnic.unige.ch/papers/Schwartz_etal_SANP2005.pdf] (consulté en juin et octobre 2010).

Société canadienne de pédiatrie, Comité de santé de l'adolescence. *« La limite d'âge entre l'adolescence et l'âge adulte »*, dans *Paediatrics & Child Health* (2003 8(9) : 578, no de référence : AH03-02, réapprouvé en janvier 2011), [http://cps.ca/francais/enonces/AM/ah03-02.htm] (consulté le 18 avril 2010).

Société québécoise des psychothérapeutes professionnels-les [www.sqpp.org/Psy_et_Loi_21.html] (consulté le 10 juin 2010).

Taylor, J. *« Three Questions Regarding Doing Group Dreamwork »*, 2004, [www.jeremytaylor.com] (consulté le 7 février 2011).

Université de Liège. *« Description des phases du sommeil et de leurs rôles »*, [www.tastout.ulg.ac.be] (consulté le 11 juin 2008).

Université Mc Gill. *« Dormir, rêver... »*, dans *Le cerveau à tous les niveaux*, [http://lecerveau.mcgill.ca] (consulté le 10 janvier 2009 et le 28 janvier 2010).

Université McGill. *« Le corps en mouvement, l'imagerie mentale d'une action »*, dans *Le cerveau à tous les niveaux*, [lecerveau.mcgill.ca] (consulté en juin 2010).

Valatx, J.-L. Université Claude Bernard à Lyon. *« À quoi rêvent les bébés? »* dans *Sciences et Avenir : Le rêve* (1996), [http :/sommeil.univ-lyon.fr] (consulté le 11 novembre 2010).

Voyer, S. *« L'image onirique. L'exploration des rêves par le dessin dans un contexte de groupe »*, Département d'enseignement de l'art et thérapie par les arts, Université Concordia, Bibliothèque Nationale du Canada, août 2000, 74 p., [http://spectrum.library.concordia.ca/1256/1/MQ54361.pdf] (consulté le 7 mars 2011).

[www.futura-sciences.com/fr/biographie] *« Thomas Edison »*, (consulté le 15 mars 2010).

[www:/fr.wiktionary.org/wiki/] (consulté le 18 avril 2011).

CONFÉRENCES ET NOTES PERSONNELLES

Corneau, G. Conférence internationale de l'ASD, Montréal, 8 juillet 2008.

Jacquard, A. Conférence au grand public, Bastia, Corse, 14 mai 2008.

Deslauriers, D. Conférence internationale de l'ASD, Montréal, 8 juillet 2008.

Janssen, T. *« La maladie a-t-elle un sens? »* Conférence donnée à l'Université du Québec en Outaouais, diffusée au Canal Savoir, 27 février 2011.

Pelletier, C. CD *« Galileo... »*, Chanson Hildegarde de Bingen, Éditions du chevalier perdu, 2000.

Notes personnelles extraites d'une formation (1980-1981) sur l'approche du Dr Anna Jean Ayres, Ph. D. OTR, FAOTA, auteure du livre *Sensory Integration and the Child*, 1979.

À propos de l'auteure

ALBERTE DUGAS détient un baccalauréat en ergothérapie de l'Université de Montréal et une maîtrise en santé communautaire de l'Université Laval. Elle a travaillé de nombreuses années auprès de clientèles diversifiées du réseau de la santé, et a consacré la fin de sa carrière professionnelle à la planification et l'évaluation de programmes au gouvernement du Québec. Retraitée de ces fonctions et enrichie de ces expériences professionnelles, elle est toujours habitée par le même désir qui a marqué toute sa carrière : accompagner l'autre dans sa quête d'autonomie.

Après avoir approfondi ses connaissances sur le sommeil et le rêve, objets de ses intérêts depuis déjà quelques années, elle offre des conférences, des ateliers, des consultations ainsi qu'une formation sur le sujet. Elle intervient également comme bénévole dans un centre de thérapie de la région de Québec, lequel vise à réhabiliter les individus souffrant d'alcoolisme et de polytoxicomanie.

POUR COMMUNIQUER AVEC L'AUTEURE :
albertedugas@gmail.com

Table des matières

DEUXIÈME PARTIE
« Se souvenir »

TROISIÈME PARTIE
« Comprendre »

QUATRIÈME PARTIE
« Agir et intégrer »